もっと話そう！異文化おもしろ体験
中級中国語

陳　淑梅
胡　興智
劉　渇氷

朝日出版社

音声ダウンロード

 音声再生アプリ「リスニング・トレーナー」新登場（無料）

朝日出版社開発のアプリ、「リスニング・トレーナー（リストレ）」を使えば、教科書の
音声をスマホ、タブレットに簡単にダウンロードできます。どうぞご活用ください。

まずは「リストレ」アプリをダウンロード

▶ App Store はこちら　　　　▶ Google Play はこちら

アプリ【リスニング・トレーナー】の使い方

❶ アプリを開き、「コンテンツを追加」をタップ

❷ QRコードをカメラで読み込む　　

❸ QRコードが読み取れない場合は、画面上部に 45343 を入力し「Done」をタップします

QRコードは㈱デンソーウェーブの登録商標です

Webストリーミング音声

http://text.asahipress.com/free/ch/245343

前書き

　　初級中国語の教科書は、そのほとんどのものが会話形式で構成され、学生たちが楽しく学習や練習に取り組むことができるように、さまざまか工夫がなされている。ところが、中級教材となると、本文は会話文から急に難しい長文になり、語彙も話し言葉から書き言葉に代わり、授業は一気に読解中心になってしまうことが多い。そのため、学生は学習意欲が下がり、中には教科書が原因で中級の学習をあきらめてしまう者もいる。

　　そこで、中国語学習者が、初級から中級へと順を追って無理なく、そして一歩一歩、楽しく進められる学習法を提案することが大切だと思い、この教科書を作成した。そのため本書には、以下のような特徴を持たせた。

《本書の特長》
  1）すべての会話文にピンインを明記。
  2）会話文の内容は学習者が興味を持ちやすい、日中の異文化体験。
  3）語彙力を向上させるための文法置き換え練習の充実。
  4）聞く力と読解力を高めるための、リスニングとリーディング練習の設置。
  5）ロールプレイカードを使い、臨場感を味わいながら自ら情報発信するためのドリルの導入。

また、本書を用いた標準的な使い方のモデルは、以下の通りである。
《1課を2コマ分とする場合》
・1コマ目（主にインプットの学習を行う）
　「学習ポイント」を中心に新しい文法知識を習得する。
　「本文」を学習し、練習問題を行う。

・2コマ目（主にアウトプットの練習を行う）
　「ワードリスト」を使用し、文法のポイントに関する応用練習を行う。
　「リスニングとリーディング」の練習を通して、知識の定着を図る。
　「こんな時はどう言うか」で、発信力、応用力を高める。

　　著者の3人は長年、大学の中国語教育に携わった経験を活かし、何度も意見交換を行い、この教科書を制作した。その努力が、すこしでも中国語の中級教育に役に立てば幸いである。

2021 年　春　　　著者一同

目　次

〈記号凡例〉

S：主語	名：名詞	量：量詞（助数詞）
V：動詞	動：動詞	前：前置詞
O：目的語	形：形容詞	フ：フレーズ
	副：副詞	感：感嘆詞
	代：代名詞	助：助詞
	接：接続詞	助動：助動詞

第 **1** 课

Dì yī kè

 学習ポイント

01

POINT **1**　動詞の "在 zài"

所在を表す。「〜は〜にある／いる」。

もの／人＋"在"＋場所　　　　否定文　　もの／人＋"不在"＋場所

1) 我的手机在桌子上。　　　Wǒ de shǒujī zài zhuōzi shang.

2) 老师不在教室里。　　　Lǎoshī bú zài jiàoshì li.

3) 餐厅在哪儿?　　　　　Cāngtīng zài nǎr?

4) 明天你在家吗?　　　　Míngtiān nǐ zài jiā ma?

POINT **2**　疑問詞の "怎么 zěnme"

いぶかって理由を尋ねる。「どうして〜?」

"怎么"＋動詞フレーズ

1) 你怎么不吃?　　　　　Nǐ zěnme bù chī?

2) 她怎么来了?　　　　　Tā zěnme lái le?

方式を尋ねる。「どのように〜」

"怎么"＋動詞

3) 去地铁站怎么走?　　　Qù dìtiězhàn zěnme zǒu?

4) 你的名字怎么念?　　　Nǐ de míngzi zěnme niàn?

POINT **3**　助動詞の "要 yào"

「〜せねばならない」「〜したいと思う」。「しなくてもいい」は "不用"

"要"＋動詞フレーズ

1) 今天我要写报告。　　　　Jīntiān wǒ yào xiě bàogào.

2) 我要好好儿练习听力。　　Wǒ yào hǎohāor liànxí tīnglì.

3) 在中国，开学典礼不用穿西装。　Zài Zhōngguó, kāixué diǎnlǐ búyòng chuān xīzhuāng.

2

ポイント早速練習

POINT 1

次の文を中国語に訳してみましょう。

1　私は明日家にいません。

2　図書館はどこにありますか。

3　あなたの携帯電話は机の上にあります。

POINT 2

次の文を中国語に訳してみましょう。

1　あなたの名前はどう書きますか。（書く＝写 xiě）

2　レストランへ行くにはどう行けばいいですか。

3　彼女はどうして来ないの？

POINT 3

次の（　　）に適切な語を入れ、日本語に訳してみましょう。

1　在日本，开学典礼（　　　　）穿西装。

日本語訳

2　你（　　　　）好好儿练习听力。

日本語訳

3　明天是星期天，不（　　　　）去学校。

日本語訳

入学式の日

02

陈： 你 好，请问，礼堂 在 哪儿？
Chén： Nǐ hǎo, qǐngwèn, lǐtáng zài nǎr?

铃木： 就 在 前边儿，我 也 去 礼堂，一起 去 吧。
Língmù： Jiù zài qiánbianr, wǒ yě qù lǐtáng, yìqǐ qù ba.

陈： 好 的。你 也 去 参加 开学 典礼 吗？
Chén： Hǎo de. Nǐ yě qù cānjiā kāixué diǎnlǐ ma?

铃木： 是 啊，你 也 是 新生 吗？
Língmù： Shì a, nǐ yě shì xīnshēng ma?

陈： 对，我 是 中国 留学生。我 叫 陈 智冰。
Chén： Duì, wǒ shì Zhōngguó liúxuéshēng. Wǒ jiào Chén Zhìbīng.

铃木： 我 叫 铃木 美沙。欸？你 怎么 没 穿
Língmù： Wǒ jiào Língmù Měishā. Éi? Nǐ zěnme méi chuān

西装？
xīzhuāng?

陈： 要 穿 西装 吗？在 中国，服装 自由。
Chén： Yào chuān xīzhuāng ma? Zài Zhōngguó, fúzhuāng zìyóu.

铃木： 好 羡慕 啊。在 日本 一定 要 穿 西装。
Língmù： Hǎo xiànmù a. Zài Rìběn yídìng yào chuān xīzhuāng.

①	礼堂	lǐtáng	名	講堂、式場
②	就	jiù	副	まさに、まさしく
③	参加	cānjiā	動	参加する
④	开学	kāixué	動	学校が始まる
⑤	典礼	diǎnlǐ	名	儀式
⑥	新生	xīnshēng	名	新入生
⑦	怎么	zěnme	代	どうして
⑧	穿	chuān	動	着る
⑨	西装	xīzhuāng	名	スーツ、背広
⑩	服装	fúzhuāng	名	服装
⑪	自由	zìyóu	形	自由である
⑫	好	hǎo	副	非常に、なんと
⑬	羡慕	xiànmù	動	うらやむ
⑭	一定	yídìng	副	必ず

●本文を日本語に訳してみましょう。

陳：

鈴木：

陳：

鈴木：

陳：

鈴木：

陳：

鈴木：

第1课

5

1 A 请问，<u>礼堂</u>在哪儿？

　　B 就在前边儿。

銀行
yínháng

洗手间
xǐshǒujiān

书店
shūdiàn

图书馆
túshūguǎn

2 A 去<u>地铁站</u>怎么走？

　　B 一直走。

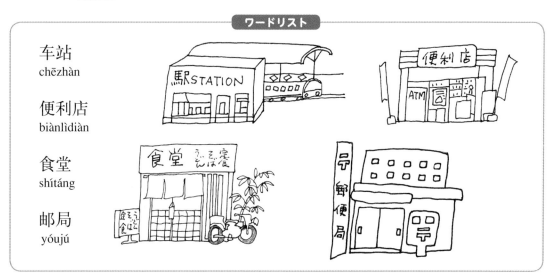

车站
chēzhàn

便利店
biànlìdiàn

食堂
shítáng

邮局
yóujú

3 A 要穿西装吗?

B 不用穿西装。

ワードリスト

带 伞
dài săn

买 票
măi piào

写 拼音
xiě pīnyīn

脱 鞋
tuō xié

●簡体字を書いてみましょう。

陈	陈	陈	陈	陈	陈	陈	陈	陈	陈	陈
冰	冰	冰	冰	冰	冰	冰	冰	冰	冰	冰
铃	铃	铃	铃	铃	铃	铃	铃	铃	铃	铃
怎	怎	怎	怎	怎	怎	怎	怎	怎	怎	怎
么	么	么	么	么	么	么	么	么	么	么

リスニング＆リーディングに挑戦！

1 音声を聞いて、（　　）の中に言葉を入れてみましょう。

　　陈智冰和铃木一起去礼堂参加（　　　　）。陈智冰没穿（　　　　），他不知道在日本（　　　　）开学典礼要穿西装。铃木说这是日本的习惯。陈智冰告诉铃木，中国的开学典礼服装自由，铃木很（　　　　）。

2 上の短文を読んで、以下の問題に答えましょう。

選択肢の中から正しい答えを選びましょう。

1　陈智冰和铃木一起去做什么？

　　1）去参加开学典礼。

　　2）去买西装。

　　3）去礼堂上课。

2　铃木是几年级的学生？

　　1）她是一年级的学生。

　　2）她是二年级的学生。

　　3）她是四年级的学生。

3　陈智冰为什么没穿西装？

　　1）因为他不知道日本有这样的习惯。

　　2）因为他没有时间买西装。

　　3）因为日本的开学典礼服装自由。

定着度チェック!

●ペアで本文を読んでみましょう。

陈：　你好，请问，礼堂在哪儿？

铃木：就在前边儿，我也去礼堂，一起去吧。

陈：　好的。你也去参加开学典礼吗？

铃木：是啊，你也是新生吗？

陈：　对，我是中国留学生。我叫陈智冰。

铃木：我叫铃木美沙。欸？你怎么没穿西装？

陈：　要穿西装吗？在中国，服装自由。

铃木：好羡慕啊。在日本一定要穿西装。

第1课

ロールプレイカード

こんな時はどう言うか、中国語で表現してみましょう。

陳：　　挨拶して、講堂はどこにあるのかと尋ねる。

鈴木：すぐ前にあると教える。自分も行くので、一緒に行こうと提案する。

陳：　　了解し、相手に入学式に出るのかと尋ねる。

鈴木：「そうだ」と答えて、相手も新入生かと尋ねる。

陳：　　中国人留学生だと言って、自分の名前を伝える。

鈴木：自分の名前を教えて、相手が正装していないことに驚き、ひと言言う。

陳：　　背広を着るという習慣に驚き、中国では服装は自由だと相手に伝える。

鈴木：羨ましいと言い、日本では必ず正装で参加すると教える。

猜一猜！什么意思？　　　老婆

A　おばあちゃん　　　B　麻婆豆腐　　　C　妻

第 **2** 课
Dì èr kè

 学習ポイント

06

| POINT **1** | 仮定表現 "如果～的话 rúguǒ~dehuà" |

"如果" は「もしも」。"～的话" は「～ということなら」。どちらか一方を省略することができます。

1) 如果有时间的话，我们一起去吃饭，怎么样？　Rúguǒ yǒu shíjiān dehuà, wǒmen yìqǐ qù chīfàn, zěnmeyàng?

2) 如果你喜欢，就送给你吧。　Rúguǒ nǐ xǐhuan, jiù sònggěi nǐ ba.

3) 你想去逛街的话，星期天我陪你去。　Nǐ xiǎng qù guàngjiē dehuà, xīngqītiān wǒ péi nǐ qù.

| POINT **2** | 兼語文　前の動詞の目的語が後ろの動詞の主語も兼ねている文 |

我想　请　你　吃晚饭。　Wǒ xiǎng qǐng nǐ chī wǎnfàn.
　　　 V　O/S　V

1) 我请你看日本电影。　Wǒ qǐng nǐ kàn Rìběn diànyǐng.

2) 我们请老师讲一讲日本的生活习惯。　Wǒmen qǐng lǎoshī jiǎngyijiang Rìběn de shēnghuó xíguàn.

3) 公司派他去中国出差了。　Gōngsī pài tā qù Zhōngguó chūchāi le.

| POINT **3** | 選択疑問文　A "还是 háishi" B ? |

"还是" は「それとも」。選択疑問文は文末に "吗" は付けません。

1) 你喝咖啡还是红茶？　Nǐ hē kāfēi háishi hóngchá?

2) 汉语难还是英语难？　Hànyǔ nán háishi Yīngyǔ nán?

3) 你想看棒球比赛还是足球比赛？　Nǐ xiǎng kàn bàngqiú bǐsài háishi zúqiú bǐsài?

ポイント早速練習

POINT 1

次の（　　）に適切な語を入れ、日本語に訳してみましょう。

1 （　　　　）你喜欢吃中国菜的话，我们去中华街吧。

　　日本語訳

2 你有时间（　　　　），一起去看电影，怎么样?

　　日本語訳

3 如果有时间的话，我们一起去（　　　）街吧。

　　日本語訳

POINT 2

次の文を中国語に訳してみましょう。

1 私はあなたを中国映画に招待したいです。

2 先生が私たちに晩ご飯をおごってくれます。

3 会社は彼をどこへ出張させましたか。

POINT 3

次の文を中国語に訳してみましょう。

1 あなたは北京に行きたいですか、それとも上海に行きたいですか。

2 あなたは中国語（を習うの）が好きですか、それとも英語（を習うの）が好きですか。

11

食事に誘う

07

陈： 美沙， 星期六 晚上 你 有 时间 吗?
Chén： Měishā, xīngqīliù wǎnshang nǐ yǒu shíjiān ma?

铃木： 有 时间。 你 有 什么 事?
Língmù： Yǒu shíjiān. Nǐ yǒu shénme shì?

陈： 如果 方便 的话,
Chén： Rúguǒ fāngbiàn dehuà,

我 想 请 你 吃 晚饭。
wǒ xiǎng qǐng nǐ chī wǎnfàn.

铃木： 真 的? 我 太 高兴 了!
Língmù： Zhēn de? Wǒ tài gāoxìng le!

陈： 你 喜欢 吃 什么? 拉面? 还是 乌冬面?
Chén： Nǐ xǐhuan chī shénme? Lāmiàn? Háishi wūdōngmiàn?

铃木： 什么 都 可以。
Língmù： Shénme dōu kěyǐ.

陈： 我 知道 一 家 很 好吃 的 拉面 店。
Chén： Wǒ zhīdao yì jiā hěn hǎochī de lāmiàn diàn.

铃木： 好 啊。 我 特别 爱 吃 拉面。
Língmù： Hǎo a. Wǒ tèbié ài chī lāmiàn.

①	晚上	wǎnshang	名	晩、夜
②	如果	rúguǒ	接	もしも〜
③	方便	fāngbiàn	形	便利である
④	〜的话	〜dehuà	助	〜ならば
⑤	请	qǐng	動	招待する
⑥	晚饭	wǎnfàn	名	晩ご飯
⑦	太〜了	tài〜le	フ	あまりに〜である、すごく〜である
⑧	高兴	gāoxìng	形	うれしい
⑨	喜欢	xǐhuan	動	好きである、好む
⑩	拉面	lāmiàn	名	ラーメン
⑪	还是	háishi	接	それとも
⑫	乌冬面	wūdōngmiàn	名	うどん
⑬	可以	kěyǐ	形	よろしい
⑭	知道	zhīdao	動	知っている
⑮	家	jiā	量	〜軒
⑯	特别	tèbié	副	とりわけ
⑰	爱吃	ài chī	フ	（食べるのが）好きである

●本文を日本語に訳してみましょう。

陳：

鈴木：

陳：

鈴木：

陳：

鈴木：

陳：

鈴木：

ワードリストを使って、下線のところを置きかえて会話してみましょう。

1 A 如果方便的话，我想请你吃晚饭。

B 真的? 我太高兴了。

ワードリスト

有 时间　　请 你 喝 茶
yǒu shíjiān　　qǐng nǐ hē chá

有 兴趣　　和 你 去 唱 卡拉 OK
yǒu xìngqù　　hé nǐ qù chàng kǎlā OK

天气 好　　约 你 去 逛街
tiānqì hǎo　　yuē nǐ qù guàngjiē

2 A 你喜欢吃什么?

B 什么都可以。

ワードリスト

做
zuò

看
kàn

喝
hē

听
tīng

3 A 汉语难还是英语难?

B 都很难。

> ワードリスト

中国菜 Zhōngguócài	日本菜 Rìběncài	好吃 hǎochī
地铁 dìtiě	JR 线 JR xiàn	快 kuài
今天 jīntiān	昨天 zuótiān	暖和 nuǎnhuo
和服 héfú	旗袍 qípáo	漂亮 piàoliang

●簡体字を書いてみましょう。

时	时	时	时	时	时	时	时	时	时	时
间	间	间	间	间	间	间	间	间	间	间
饭	饭	饭	饭	饭	饭	饭	饭	饭	饭	饭
乌	乌	乌	乌	乌	乌	乌	乌	乌	乌	乌
爱	爱	爱	爱	爱	爱	爱	爱	爱	爱	爱

リスニング＆リーディングに挑戦！

① 音声を聞いて、（　　　）の中に言葉を入れてみましょう。

🎧 10

　　星期六陈智冰想请铃木吃晚饭，铃木很（　　　　）。陈智冰问铃木喜欢吃什么，铃木说什么都（　　　　）。陈智冰知道（　　　　）很好吃的拉面店，想带铃木去吃拉面。铃木说："太好了，我（　　　　）喜欢吃拉面。"

② 上の短文を読んで、以下の問題に答えましょう。

選択肢の中から正しい答えを選びましょう。

1　陈智冰想做什么？

　　1）他喜欢吃拉面。

　　2）他想请铃木吃晚饭。

　　3）他想和铃木去逛街。

2　他们什么时候去？

　　1）什么时候都可以。

　　2）现在马上去。

　　3）星期六晚上。

3　铃木喜欢吃什么？

　　1）什么都喜欢。

　　2）喜欢吃日本菜。

　　3）喜欢去拉面店。

●ペアで本文を読んでみましょう。

陈：　美沙，星期六晚上你有时间吗？

铃木：有时间。你有什么事？

陈：　如果方便的话，我想请你吃晚饭。

铃木：真的？我太高兴了！

陈：　你喜欢吃什么？拉面？还是乌冬面？

铃木：什么都可以。

陈：　我知道一家很好吃的拉面店。

铃木：好啊。我特别爱吃拉面。

第2课

ロールプレイカード

こんな時はどう言うか、中国語で表現してみましょう。

陳：　　相手が土曜日に暇かと尋ねる。

鈴木：　あると返事し、どんな用事かと聞き返す。

陳：　　ご都合がよかったら、一緒に食事しないかと誘う。

鈴木：　大変嬉しいと返事する。

陳：　　何が好きか、ラーメンかうどんか尋ねる。

鈴木：　任せると返事する。

陳：　　大変美味しそうな店を知っていると言う。

鈴木：　ラーメンが大好きだと嬉しそうに言う。

猜一猜！
什么意思？

哆啦 A 梦

A　立身出世する　　B　夢を見る　　C　ドラえもん

第 **3** 课
Dì sān kè

 学習ポイント

POINT 1 　結果補語　　動作行為の結果を表す

動詞＋結果を表す動詞・形容詞

否定文では、動詞の前に"没(有)"をおきます。

1) 对不起，我来晚了。　　　Duìbuqǐ, wǒ láiwǎn le.

2) 作业已经做完了。　　　　Zuòyè yǐjīng zuòwán le.

3) 课文看懂了吗?　　　　　Kèwén kàndǒng le ma?

4) 手机还没找到。　　　　　Shǒujī hái méi zhǎodào.

POINT 2 　副詞　"刚 gāng"＋動詞

「～したばかりである」、「～して間もない」を表します。

1) 老师刚来。　　　　　　　Lǎoshī gāng lái.

2) 他们刚到学校。　　　　　Tāmen gāng dào xuéxiào.

3) 爸爸刚下班。　　　　　　Bàba gāng xiàbān.

4) 我刚吃完晚饭。　　　　　Wǒ gāng chīwán wǎnfàn.

POINT 3 　単純方向補語　　動作の移動方向を表す

①　動詞＋"来"／"去"

②　動詞＋"上"／"下"／"进"／"出"／"回"／"起"／"过"　など

動詞に目的語を伴う際には，目的語は"来"か"去"の前におきます。

1) 请进来吧。　　　　　　　Qǐng jìnlai ba.

2) 我们出去吧。　　　　　　Wǒmen chūqu ba.

3) 你带雨伞来了吗?　　　　Nǐ dài yǔsǎn lai le ma?

4) 老师还没出来。　　　　　Lǎoshī hái méi chūlai.

ポイント早速練習

POINT **1**

次の文を中国語に訳してみましょう。

1 携帯電話が見つかりましたか。

2 中国語の宿題をまだやり終えていません。

3 本文は読んで分かりませんでした。

POINT **2**

次の文を中国語に訳してみましょう。

1 鈴木さんは来たばかりです。

2 先生が学校に着いたばかりです。

3 私は宿題をやり終えたばかりです。

POINT **3**

日本語の意味に合わせて、次の（　　）に適切な語を入れてみましょう。

1 上がってきてください。

请（　　　　）来吧。

2 私は傘を持ってきませんでした。

我（　　　　）带雨伞（　　　　）。

3 一緒に入りましょう。

一起（　　　　）去吧。

ラーメン屋さんの前で

铃木： **不 好意思， 我 来晚 了。**
Língmù： Bù hǎoyìsi, wǒ láiwǎn le.

陈： **没事儿， 我 也 刚 到。**
Chén： Méishìr, wǒ yě gāng dào.

铃木： **哎呀， 这么 多 人!**
Língmù： Āiyā, zhème duō rén!

陈： **对。这 家 店 是 有名 的 网红店。**
Chén： Duì. Zhèi jiā diàn shì yǒumíng de wǎnghóngdiàn.

铃木： **是 吗? 这里 什么 最 好吃?**
Língmù： Shì ma? Zhèli shénme zuì hǎochī?

陈： **酱油 拉面 和 猪骨 汤面 都 很 有名。**
Chén： Jiàngyóu lāmiàn hé zhūgǔ tāngmiàn dōu hěn yǒumíng.

铃木： **真 的? 我 特别 喜欢 吃 猪骨 汤面。**
Língmù： Zhēn de? Wǒ tèbié xǐhuan chī zhūgǔ tāngmiàn.

陈： **那 我们 进去 吧。**
Chén： Nà wǒmen jìnqu ba.

①	不好意思	bù hǎoyìsi	フ	すみません
②	来晚	láiwǎn	フ	来るのが遅い
③	没事儿	méishìr	動	大丈夫である
④	刚	gāng	副	〜したばかりである
⑤	哎呀	āiyā	感	あら、まあ
⑥	这么	zhème	代	こんなに
⑦	有名	yǒumíng	形	有名である
⑧	网红店	wǎnghóngdiàn	名	ネット上の有名店
⑨	酱油拉面	jiàngyóu lāmiàn	名	醤油ラーメン
⑩	猪骨汤面	zhūgǔ tāngmiàn	名	豚骨ラーメン
⑪	那	nà	接	では、じゃあ
⑫	进去	jìnqu	フ	入っていく

●本文を日本語に訳してみましょう。

鈴木：

陳：

鈴木：

陳：

鈴木：

陳：

鈴木：

陳：

第3課

ワードリストを使って、下線のところを置きかえて会話してみましょう。

1 A 不好意思，我 来晚了。

B 没事儿。

ワードリスト

| 名字 | 写错 |
| míngzi | xiěcuò |

| 我 | 起晚 |
| wǒ | qǐwǎn |

| 电车 | 坐错 |
| diànchē | zuòcuò |

| 电影票 | 卖完 |
| diànyǐngpiào | màiwán |

2 A 这里什么最好吃?

B 酱油拉面和猪骨汤面都很有名。

ワードリスト

| 日本 | 有名 | 富士山 | 金阁寺 |
| Rìběn | yǒumíng | Fùshì Shān | Jīngé Sì |

| 北京 | 好吃 | 北京烤鸭 | 炸酱面 |
| Běijīng | hǎochī | Běijīng kǎoyā | zhájiàngmiàn |

| 日本料理 | 好吃 | 寿司 | 乌冬面 |
| Rìběn liàolǐ | hǎochī | shòusī | wūdōngmiàn |

（最近、"日本料理" をそのまま使う人が増えてきています。）

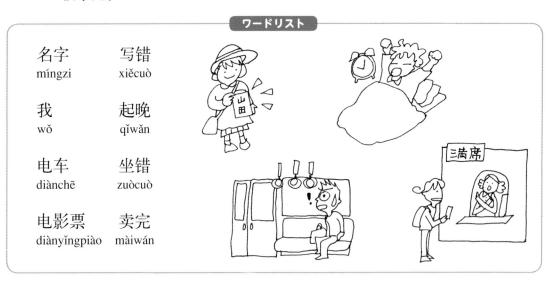

3 A 我们<u>进去</u>吧。

B 好吧。

ワードリスト

上去
shàngqu

出去
chūqu

坐下
zuòxia

回去
huíqu

第 **3** 课

●簡体字を書いてみましょう。

刚	刚	刚	刚	刚	刚	刚	刚	刚	刚	刚
哎	哎	哎	哎	哎	哎	哎	哎	哎	哎	哎
呀	呀	呀	呀	呀	呀	呀	呀	呀	呀	呀
网	网	网	网	网	网	网	网	网	网	网
红	红	红	红	红	红	红	红	红	红	红
骨	骨	骨	骨	骨	骨	骨	骨	骨	骨	骨
汤	汤	汤	汤	汤	汤	汤	汤	汤	汤	汤

リスニング＆リーディングに挑戦！

1 音声を聞いて、（　　　）の中に言葉を入れてみましょう。

🎧 15

　　星期六晚上，陈智冰请铃木去吃拉面。铃木（　　　）了。那家拉面店是有名的（　　　），所以店里人很多。铃木问陈智冰，这家店什么（　　　）好吃，陈智冰说，这里酱油拉面和（　　　）汤面都很好吃。

2 上の短文を読んで、以下の問題に答えましょう。

選択肢の中から正しい答えを選びましょう。

1 陈智冰请铃木去做什么？

　　1）　吃拉面。

　　2）　找拉面店。

　　3）　看棒球比赛。

2 那家拉面店怎么样？

　　1）　没有酱油拉面。

　　2）　店里人很多。

　　3）　有很多网红店。

3 那家店什么最好吃？

　　1）　酱油拉面好吃，猪骨汤面不好吃。

　　2）　酱油拉面和猪骨汤面都很好吃。

　　3）　酱油拉面和猪骨汤面都不好吃。

定着度チェック！

●ペアで本文を読んでみましょう。

鈴木：不好意思，我来晚了。

陈： 没事儿，我也刚到。

鈴木：哎呀，这么多人！

陈： 对。这家店是有名的网红店。

鈴木：是吗？这里什么最好吃？

陈： 酱油拉面和猪骨汤面都很有名。

鈴木：真的？我特别喜欢吃猪骨汤面。

陈： 那我们进去吧。

第3课

ロールプレイカード

こんな時はどう言うか、中国語で表現してみましょう。

鈴木： 遅れて来たことを謝る。

陳： 大丈夫だ、自分も今来たばかりと返事する。

鈴木： 人の多さに驚く。

陳： ネットで有名な店だからと教える。

鈴木： うなずいて、何が一番美味しいかと尋ねる。

陳： 醤油ラーメンと豚骨ラーメンが美味しいと返事する。

鈴木： 豚骨ラーメンが大好きだと伝える。

陳： じゃあ中に入ろうと言う。

猜一猜！
什么意思？

月光族

A 寒い夜　　B 月が好きな人達

C 毎月給料をすべて使ってしまう人達

第 **4** 课
Dì sì kè

 学習ポイント

| POINT 1 | 同じ疑問詞を呼応させる表現 |

你喜欢<u>什么</u>就点<u>什么</u>吧。　　Nǐ xǐhuan shénme jiù diǎn shénme ba.
　　　　A　　　　A

　Aが好きなら、Aを注文してください。＝好きなものを注文してください。

1）想喝什么就喝什么吧。　　Xiǎng hē shénme jiù hē shénme ba.

2）想去哪儿就去哪儿。　　Xiǎng qù nǎr jiù qù nǎr.

3）哪个便宜买哪个。　　Něige piányi mǎi něige.

4）有多少要多少。　　Yǒu duōshao yào duōshao.

| POINT 2 | 量詞 |

ものを数える単位。「〜冊、〜枚、〜台」などにあたる。「2」は，量詞が付くと"两"liǎngを使う。

量詞	数えるもの	例
个 ge	リンゴ、たまご、カバン、人など	一个苹果（píngguǒ）
瓶 píng	瓶に入っているもの	三瓶水（shuǐ）
本 běn	書籍や辞書など	一本辞典（cídiǎn）
张 zhāng	紙、写真、チケット、テーブルなど	两张票（piào）
件 jiàn	衣類や事柄など	三件毛衣（máoyī）
双 shuāng	対になっているもの	四双鞋（xié）
条 tiáo	ネクタイ、ズボン、スカート、川など	五条领带（lǐngdài）

1）昨天我吃了两个苹果。　　Zuótiān wǒ chīle liǎng ge píngguǒ.

2）你买了几张票?　　Nǐ mǎile jǐ zhāng piào?

　動作の完了を表すには助詞"了"を使い、目的語に数量詞を伴う場合、"了"は動詞の直後に置く。

| POINT 3 | 注文するときに使われる構文 |

"要"+数量+名詞

1）要一杯咖啡。　　Yào yì bēi kāfēi.

2）要一碗拉面和一份儿饺子。　　Yào yì wǎn lāmiàn hé yí fènr jiǎozi.

ポイント早速練習

POINT 1

次の文を中国語に訳してみましょう。

1　食べたいものを食べてください。　　　　　　　　　　　　　

2　安いほうを注文します。　　　　　　　　　　　　　

3　あるだけ買います。　　　　　　　　　　　　　

POINT 2

（　）に適切な語を入れ、日本語に訳してみましょう。

1　一（　　）学生　　両（　　）咖啡　　両（　　）词典　　三（　　）票
日本語訳
　　一（　　）拉面　　三（　　）鞋　　両（　　）裙子　　一（　　）毛衣
日本語訳

2　我吃（　　）两（　　）苹果。
日本語訳

POINT 3

次の文を中国語に訳してみましょう。

1　コーヒーを2杯ください。　　　　　　　　　　　　　

2　ラーメンを3杯ください。　　　　　　　　　　　　　

3　ビール一本と天ぷら定食を一つください。

何を食べようか？

陈： 你 喜欢 什么 就 点 什么 吧。
Chén： Nǐ xǐhuan shénme jiù diǎn shénme ba.

铃木： 我 点 A 套餐，一 碗 拉面、一 盘 炒饭。
Língmù： Wǒ diǎn A tàocān, yì wǎn lāmiàn、 yì pán chǎofàn.

陈： 都 是 主食！
Chén： Dōu shì zhǔshí!

铃木： 日本人 喜欢 这样 吃。你 吃 什么？
Língmù： Rìběnrén xǐhuan zhèyàng chī. Nǐ chī shénme?

陈： 我 要 一 碗 酱油 拉面。
Chén： Wǒ yào yì wǎn jiàngyóu lāmiàn.

服务员： 欢迎 光临。您 要 什么？
Fúwùyuán： Huānyíng guānglín. Nín yào shénme?

陈： 要 一 个 A 套餐 和 一 碗 酱油 拉面。
Chén： Yào yí ge A tàocān hé yì wǎn jiàngyóu lāmiàn.

服务员： 要 不 要 饮料？
Fúwùyuán： Yào bu yào yǐnliào?

铃木： 要 一 杯 可乐 和 一 杯 无酒精 啤酒。
Língmù： Yào yì bēi kělè hé yì bēi wújiǔjīng píjiǔ.

18

第 **4** 課

①	点	diǎn	動	注文する、オーダーする
②	套餐	tàocān	名	セットメニュー、定食
③	碗	wǎn	量	～杯
④	盘	pán	量	～皿
⑤	炒饭	chǎofàn	名	チャーハン
⑥	主食	zhǔshí	名	主食
⑦	欢迎光临	huānyíng guānglín	フ	いらっしゃいませ
⑧	饮料	yǐnliào	名	飲み物
⑨	杯	bēi	量	～杯
⑩	可乐	kělè	名	コーラ
⑪	无酒精啤酒	wújiǔjīng píjiǔ	名	ノンアルコールビール

●**本文を日本語に訳してみましょう。**

陳：

鈴木：

陳：

鈴木：

陳：

店員：

陳：

店員：

鈴木：

ワードリストを使って、下線のところを置きかえて会話してみましょう。

1 A 你<u>喜欢什么</u>就<u>点什么</u>吧!

　　B 好，谢谢。

ワードリスト

想 吃 什么　　吃
xiǎng chī shénme　chī

想 去 哪儿　　去
xiǎng qù　 nǎr　　qù

要 多少　　　拿
yào duōshao　　 ná

2 A 你<u>买</u>了<u>些</u>什么?　　("些 xiē" =「いくつか」不定の数や量を表す。)

　　B 我<u>买</u>了<u>两双皮鞋</u>。

ワードリスト

吃　 一 份儿 饺子
chī　 yí fènr jiǎozi

喝　 两 杯 红酒
hē　 liǎng bēi hóngjiǔ

点　 一 盘 炒饭
diǎn　 yì pán chǎofàn

30

3　A　欢迎光临，您要什么？

　　B　要一个 A 套餐。

ワードリスト

碗　　猪骨　汤面
wǎn　　zhūgǔ tāngmiàn

个　　杏仁　豆腐
ge　　xìngrén dòufu

盘　　炒饭
pán　　chǎofàn

份儿　　小笼包
fènr　　xiǎolóngbāo

●簡体字を書いてみましょう。

套	套	套	套	套	套	套	套	套	套	套
欢	欢	欢	欢	欢	欢	欢	欢	欢	欢	欢
临	临	临	临	临	临	临	临	临	临	临
样	样	样	样	样	样	样	样	样	样	样
无	无	无	无	无	无	无	无	无	无	无
啤	啤	啤	啤	啤	啤	啤	啤	啤	啤	啤

リスニング＆リーディングに挑戦！

　　铃木和陈智冰一起进了拉面店。铃木点了一个 A （　　　　）。A 套餐是一碗拉面和一盘（　　　　），陈智冰觉得拉面和炒饭都是（　　　　），两种主食一起吃很有意思。铃木说，日本人喜欢（　　　　）吃。陈智冰只点了一碗拉面。

② 上の短文を読んで、以下の問題に答えましょう。

選択肢の中から正しい答えを選びましょう。

1　铃木点了什么？

　　1）一碗拉面

　　2）一盘炒饭

　　3）A 套餐

2　两种主食指什么？

　　1）套餐

　　2）炒饭和拉面

　　3）两碗拉面

3　陈智冰点了什么？

　　1）一盘炒饭

　　2）一碗拉面

　　3）两种主食

第
4
课

●ペアで本文を読んでみましょう。

陈：	你喜欢什么就点什么吧。
铃木：	我点 A 套餐，一碗拉面、一盘炒饭。
陈：	都是主食！
铃木：	日本人喜欢这样吃。你吃什么？
陈：	我要一碗酱油拉面。
服务员：	欢迎光临。您要什么？
陈：	要一个 A 套餐和一碗酱油拉面。
服务员：	要不要饮料？
铃木：	要一杯可乐和一杯无酒精啤酒。

ロールプレイカード

こんな時はどう言うか、中国語で表現してみましょう。

陳：	好きなように注文してと言う。
鈴木：	A ランチを注文する。注文したランチの中身を言う。
陳：	全て主食であることに驚く。
鈴木：	日本人の好みだと言って、相手に何を注文するかと尋ねる。
陳：	醤油ラーメンだと返事する。
店員：	いらっしゃいませ。ご注文はと尋ねる。
陳：	注文したいものを言う。
店員：	飲み物はと尋ねる。
鈴木：	コーラとノンアルコールビールを注文する。

猜一猜！
什么意思？

开关

A　スイッチ　　B　税関　　C　改革開放

第 **5** 课
Dì wǔ kè

学習ポイント

21

| POINT **1** | 様態補語　動作行為の様子を描写する |

動詞の後ろに助詞 "得" を置き、後ろに様態補語（形容詞など）を続けます。
動詞に目的語を伴う場合は動詞を繰り返します。また 1 つ目の動詞は省略できます。

1) 我每天起得很早。　　　　　　Wǒ měitiān qǐde hěn zǎo.

2) 她每天睡得很晚。　　　　　　Tā měitiān shuìde hěn wǎn.

3) 她说日语说得很流利。　　　　Tā shuō Rìyǔ shuōde hěn liúlì.

4) 他汉语说得怎么样？　　　　　Tā Hànyǔ shuōde zěnmeyàng?

| POINT **2** | "是〜的 shì~de" 構文 |

すでに起こった事柄について、「いつ」、「どこで」、「どのように」、「誰が」などを強調して説明する
ときに使われます。上記の情報と動詞を、"是" と "的" の間に挿入します。

1) 他是去年三月毕业的。　　　　　　　　Tā shì qùnián sānyuè bìyè de.

2) 你的包儿是在哪儿买的?　　　　　　　Nǐ de bāor shì zài nǎr mǎi de?

3) 你是跟谁学的汉语?　　　　　　　　　Nǐ shì gēn shéi xué de Hànyǔ?

4) 我不是坐新干线来的，是坐飞机来的。　Wǒ bú shì zuò Xīngànxiàn lái de,
　　　　　　　　　　　　　　　　　　　shì zuò fēijī lái de.

| POINT **3** | 前置詞の "在 zài" |

「〜で（…する）」動作行為が行われる場所を表します。

"在" ＋場所＋動詞フレーズ

1) 铃木在教室里写作业。　　　　Língmù zài jiàoshì li xiě zuòyè.

2) 我爸爸在 IT 公司工作。　　　　Wǒ bàba zài IT gōngsī gōngzuò.

3) 他每天在家吃早饭。　　　　　Tā měitiān zài jiā chī zǎofàn.

ポイント早速練習

POINT 1

次の文を中国語に訳してみましょう。

1　あなたは歌を歌うのが本当に上手ですね！

2　彼女の（話す）中国語はどうでしょうか。

3　私の（話す）日本語は上手ではありません。

POINT 2

次の文を中国語に訳してみましょう。

1　私のカバンは昨年の9月に買いました。

2　王先生は飛行機で来ました。

3　あなたは昨日どこで晩ご飯を食べましたか。

POINT 3

日本語の意味に合わせて、順番を並べ替えてみましょう。

1　私は毎日図書館で宿題をします。

　写　我　作业　在图书馆　每天

2　あなたのお父さんはどこで仕事をしていますか。

　在哪儿　你　工作　爸爸

3　あなたの中国語はどこで習いましたか。

　在哪儿　的　汉语　你　是　学　的

35

陈： 美沙， 你 说 汉语 说得 真 好。
Chén： Měishā, nǐ shuō Hànyǔ shuōde zhēn hǎo.

铃木： 不行， 还 差得 远 呢。
Língmù： Bùxíng, hái chàde yuǎn ne.

陈： 你 是 在 哪儿 学 的?
Chén： Nǐ shì zài nǎr xué de?

铃木： 高一 的 时候 在 上海 学 的。
Língmù： Gāoyī de shíhou zài Shànghǎi xué de.

陈： 你 去 上海 留学 了 吗?
Chén： Nǐ qù Shànghǎi liúxué le ma?

铃木： 没有。 那时 爸爸 在 上海 工作，
Língmù： Méiyǒu. Nàshí bàba zài Shànghǎi gōngzuò,

我 和 妈妈 也 一起 去 了。
wǒ hé māma yě yìqǐ qù le.

陈： 怪不得。 你 觉得 汉语 什么 最 难?
Chén： Guàibude. Nǐ juéde Hànyǔ shénme zuì nán?

铃木： 我 觉得 发音 最 难。
Língmù： Wǒ juéde fāyīn zuì nán.

①	说	shuō	動	言う、話す
②	得	de	助	動詞や形容詞の後に置いて、補語を導く
③	真	zhēn	副	本当に、実に
④	不行	bùxíng	形	だめである
⑤	差得远	chàde yuǎn	フ	はるかに劣る
⑥	是～的	shì~de	フ	～のである
⑦	高一	gāoyī	名	高校一年生
⑧	工作	gōngzuò	名	仕事
⑨	怪不得	guàibude	副	どうりで、なるほど
⑩	觉得	juéde	動	～と思う
⑪	难	nán	形	難しい
⑫	发音	fāyīn	名	発音

●本文を日本語に訳してみましょう。

陳：

鈴木：

陳：

鈴木：

陳：

鈴木：

陳：

鈴木：

第5課

37

ワードリストを使って、下線のところを置きかえて会話してみましょう。

1 A 你说汉语说得真好。

B 哪里，还差得远呢。

ワードリスト

打 棒球 dǎ bàngqiú	打 dǎ
弹 钢琴 tán gāngqín	弹 tán
开车 kāichē	开 kāi
滑雪 huáxuě	滑 huá

2 A 你是在哪儿学的汉语?

B 在上海学的。

ワードリスト

什么 时候 shénme shíhou	去 qù	中国 Zhōngguó	去年 qùnián
怎么 zěnme	来 lái	学校 xuéxiào	坐 电车 zuò diànchē
跟 谁 gēn shéi	学 xué	英语 Yīngyǔ	跟 朋友 gēn péngyou

北京机场

Let's study English!

3　A　你在哪儿<u>写作业</u>？

　　B　我在<u>教室写作业</u>。

ワードリスト

査　资料　　　图书馆
chá zīliào　　túshūguǎn

打工　　　　补习班
dǎgōng　　　bǔxíbān

买　东西　　　便利店
mǎi dōngxi　　biànlìdiàn

吃　午饭　　　学生　食堂
chī wǔfàn　　xuéshēng shítáng

● 簡体字を書いてみましょう。

真	真	真	真	真	真	真	真	真	真	真
差	差	差	差	差	差	差	差	差	差	差
远	远	远	远	远	远	远	远	远	远	远
爸	爸	爸	爸	爸	爸	爸	爸	爸	爸	爸
海	海	海	海	海	海	海	海	海	海	海
觉	觉	觉	觉	觉	觉	觉	觉	觉	觉	觉
难	难	难	难	难	难	难	难	难	难	难

リスニング＆リーディングに挑戦！

1 音声を聞いて、（　　）の中に言葉を入れてみましょう。

🎧 **25**

　铃木汉语说得（　　　　）好。她的汉语是（　　　　）的时候在上海学的。那时铃木的爸爸在上海（　　　　），所以铃木和她妈妈也一起去了。陈智冰问铃木汉语什么最难，铃木说，她觉得汉语的（　　　　）最难。

- -

2 上の短文を読んで、以下の問題に答えましょう。

選択肢の中から正しい答えを選びましょう。

1 铃木汉语说得怎么样？

　1）铃木不会说汉语。

　2）说得非常好。

　3）说得不太好。

2 铃木的汉语是在哪儿学的？

　1）在大学学的。

　2）在日本学的。

　3）在上海学的。

3 铃木觉得汉语什么最难？

　1）铃木觉得语法最难。

　2）铃木觉得会话最难。

　3）铃木觉得发音最难。

●ペアで本文を読んでみましょう。

陈：　美沙，你说汉语说得真好。

铃木：不行，还差得远呢。

陈：　你是在哪儿学的？

铃木：高一的时候在上海学的。

陈：　你去上海留学了吗？

铃木：没有。那时爸爸在上海工作，我和妈妈也一起去了。

陈：　怪不得。你觉得汉语什么最难？

铃木：我觉得发音最难。

ロールプレイカード

こんな時はどう言うか、中国語で表現してみましょう。

陳：　　相手の中国語を褒める。

鈴木：　まだまだだと謙遜してひと言。

陳：　　どこで習ったかと尋ねる。

鈴木：　高校一年生の時、上海で習ったと返事する。

陳：　　上海留学だったかと尋ねる。

鈴木：　いいえ、父の仕事の関係で母と一緒に行ったと返事する。

陳：　　なるほどと納得し、中国語の何が一番難しいかと尋ねる。

鈴木：　発音だと答える。

猜一猜！
什么意思？

光棍儿

A　コンサートライト　　　B　男性の独身者　　　C　相棒

第 **6** 课
Dì liù kè

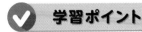

POINT 1 　"快要～了 kuàiyào~le" 「もうすぐ～になる」 "就要～了" とも言う

1) 快要放假了。　　　　　　Kuàiyào fàngjià le.

2) 铃木快要过生日了。　　　Língmù kuàiyào guò shēngrì le.

3) 飞机快要起飞了。　　　　Fēijī kuàiyào qǐfēi le.

4) 比赛马上就要开始了。　　Bǐsài mǎshàng jiùyào kāishǐ le.

POINT 2 　比較を表す表現

| Ａ＋比＋Ｂ＋形容詞（＋差量） | ＡはＢより～ |

| Ｂ＋没有＋Ａ＋形容詞 | ＢはＡほど～ない |

1) 日语比汉语难。　　　　　Rìyǔ bǐ Hànyǔ nán.

2) 汉语没有日语难。　　　　Hànyǔ méiyǒu Rìyǔ nán.

3) 我比弟弟大两岁。　　　　Wǒ bǐ dìdi dà liǎng suì.

4) 北海道比东京凉快多了。　Běihǎidào bǐ Dōngjīng liángkuai duō le.

POINT 3 　時間量の使い方

時間量を表すことばはふつう動詞のうしろに置く。

1) 我想去中国学习半年。　　Wǒ xiǎng qù Zhōngguó xuéxí bànnián.

2) 我每天睡七个小时。　　　Wǒ měitiān shuì qī ge xiǎoshí.

3) 你打算去几天?　　　　　Nǐ dǎsuàn qù jǐ tiān?

4) 从你家到学校要多长时间?　Cóng nǐ jiā dào xuéxiào yào duō cháng shíjiān?

　　——要一个多小时。　　Yào yí ge duō xiǎoshí.

ポイント早速練習

POINT 1

次の文を中国語に訳してみましょう。

1 母はもうすぐ誕生日です。

2 野球の試合がもうすぐ始まります。

3 もうすぐ夏休みになります。（夏休み＝暑假 shǔjià）

POINT 2

次の文を中国語に訳してみましょう。

1 日本語は中国語よりずっと難しい。

2 東京は北海道より涼しくない。

3 あなたは妹さんより何歳年上ですか。

POINT 3

日本語の意味に合わせて、順番を並べ替えてみましょう。

1 私は毎日たいてい7時間寝ます。

七个小时　大概　我　睡　每天

2 あなたは中国へどのくらい勉強しに行くつもりですか。

学习　去　多长时间　打算　你　中国

3 私の家から学校まで大体1時間以上かかります。

一个多小时　我家　从　到　大概　学校　要

夏休みはどうする？

27

铃木： 快要 放 暑假 了。
Língmù： Kuàiyào fàng shǔjià le.

陈： 是 啊。暑假 你 有 什么 打算?
Chén： Shì a. Shǔjià nǐ yǒu shénme dǎsuàn?

铃木： 我 想 去 中国 短期 留学。
Língmù： Wǒ xiǎng qù Zhōngguó duǎnqī liúxué.

陈： 你 打算 去 哪儿?
Chén： Nǐ dǎsuàn qù nǎr?

铃木： 去 大连。听说 那里 很 凉快。
Língmù： Qù Dàlián. Tīngshuō nàli hěn liángkuai.

陈： 对。大连 比 东京 凉快 多 了。
Chén： Duì. Dàlián bǐ Dōngjīng liángkuai duō le.

去 多 长 时间?
Qù duō cháng shíjiān?

铃木： 去 三 个 星期。学习 两 个 星期，
Língmù： Qù sān ge xīngqī. Xuéxí liǎng ge xīngqī,

然后 去 旅游。
ránhòu qù lǚyóu.

陈： 太 羡慕 你 了。我 要 打工 挣 学费。
Chén： Tài xiànmù nǐ le. Wǒ yào dǎgōng zhèng xuéfèi.

①	快要〜了	kuàiyào~le	フ	もうすぐ〜である
②	暑假	shǔjià	名	夏休み
③	打算	dǎsuàn	動	〜するつもりである
④	大连	Dàlián	名	大連（地名）
⑤	听说	tīngshuō	動	〜だそうだ
⑥	凉快	liángkuai	形	涼しい
⑦	多了	duō le	フ	ずっと〜である
⑧	然后	ránhòu	名	それから
⑨	旅游	lǚyóu	動	旅行する
⑩	挣	zhèng	動	（お金を）稼ぐ
⑪	学费	xuéfèi	名	学費

●本文を日本語に訳してみましょう。

鈴木：

陳：

鈴木：

陳：

鈴木：

陳：

鈴木：

陳：

第6課

ワードリストを使って、下線のところを置きかえて会話してみましょう。

1 A 快要<u>放暑假</u>了。

　　B 是啊。

ワードリスト

放　春假
fàng chūnjià

期末　考试
qīmò　kǎoshì

毕业
bìyè

过　圣诞节
guò Shèngdàn Jié

2 A <u>大连</u>比<u>东京</u><u>凉快</u>吗?

　　B <u>大连</u>比<u>东京</u><u>凉快</u>多了。

ワードリスト

汉语	英语	难
Hànyǔ	Yīngyǔ	nán
这个	那个	贵
zhèige	nèige	guì
新干线	电车	快
Xīngànxiàn	diànchē	kuài
这 本 书	那 本 书	有 意思
zhèi běn shū	nèi běn shū	yǒu yìsi

3　A　从你家到学校要多长时间？

　　B　要一个多小时。

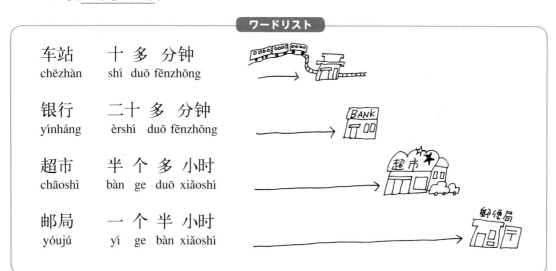

ワードリスト

车站　　十　多　分钟
chēzhàn　shí　duō fēnzhōng

银行　　二十　多　分钟
yínháng　èrshí　duō fēnzhōng

超市　　半　个　多　小时
chāoshì　bàn　ge　duō xiǎoshí

邮局　　一　个　半　小时
yóujú　yí　ge　bàn xiǎoshí

●簡体字を書いてみましょう。

假	假	假	假	假	假	假	假	假	假	假
连	连	连	连	连	连	连	连	连	连	连
听	听	听	听	听	听	听	听	听	听	听
凉	凉	凉	凉	凉	凉	凉	凉	凉	凉	凉
游	游	游	游	游	游	游	游	游	游	游
挣	挣	挣	挣	挣	挣	挣	挣	挣	挣	挣

リスニング＆リーディングに挑戦！

1 音声を聞いて、（　）の中に言葉を入れてみましょう。

🎧 **30**

　　马上就要（　　　）了，铃木打算去中国（　　　）。铃木想去（　　　），因为她听说大连比东京（　　　）。铃木打算学习两个星期以后去旅游。陈智冰很羡慕铃木，他说暑假得打工（　　　）。

- -

2 上の短文を読んで、以下の問題に答えましょう。

選択肢の中から正しい答えを選びましょう。

1 铃木暑假做什么？

　　1）打工。

　　2）去中国留学。

　　3）回老家。

2 铃木为什么去大连？

　　1）因为朋友在大连。

　　2）因为大连机票很便宜。

　　3）因为大连很凉快。

3 陈智冰暑假得做什么？

　　1）在东京打工挣钱。

　　2）去上海短期留学。

　　3）和铃木去大连。

定着度チェック！

●ペアで本文を読んでみましょう。

铃木：快要放暑假了。

陈：　是啊。暑假你有什么打算？

铃木：我想去中国短期留学。

陈：　你打算去哪儿？

铃木：去大连。听说那里很凉快。

陈：　对。大连比东京凉快多了。去多长时间？

铃木：去三个星期。学习两个星期，然后去旅游。

陈：　太羡慕你了。我要打工挣学费。

第 **6** 课

ロールプレイカード

こんな時はどう言うか、中国語で表現してみましょう。

鈴木：　まもなく夏休みだと言う。

陳：　　そうだねと返事し、相手に夏休みの予定を尋ねる。

鈴木：　中国へ短期留学に行きたいと考えていると返事する。

陳：　　どこへ行くのか尋ねる。

鈴木：　大連に行きたい、そこが涼しいからと返事する。

陳：　　東京よりずっと涼しいと返事し、どれぐらい行くか尋ねる。

鈴木：　三週間行くと言う。二週間は勉強で、それから旅行に行くと教える。

陳：　　うらやましいと言って、自分はアルバイトで学費を稼ぐ必要があると言う。

猜一猜！
什么意思？

热狗

A　ホットドッグ　　B　人気の犬　　C　暑さに弱い犬

第 **7** 课
Dì qī kè

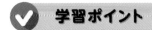
✔ **学習ポイント**

POINT 1　**助動詞の "可以 kěyǐ"**　許可をしたり、求めたりするに時に使われる

1) 可以进去吗?　　　　　　　Kěyǐ jìnqu ma?

2) 这儿可以用手机吗?　　　　Zhèr kěyǐ yòng shǒujī ma?

3) 您可以付现金，也可以刷卡。　Nín kěyǐ fù xiànjīn, yě kěyǐ shuākǎ.

POINT 2　**程度副詞いろいろ**　主に形容詞を修飾する

"多" —— 「なんと」「どんなに」。　感嘆文に使います。

　　多帅!　　　　　　　Duō shuài!

"挺" —— 「なかなか」「けっこう」。　主に話し言葉に使われます。

　　挺不错。　　　　　　Tǐng búcuò.

"太～了" —— 「あまりに～すぎる」。"不太～" —— 「あまり～ない」

　　太好了!　　　　　　Tài hǎo le!

　　不太适合你。　　　　Bú tài shìhé nǐ.

"非常" —— 「非常に」「たいへん」。

　　非常合体!　　　　　Fēicháng hétǐ!

"有点儿" —— 「少し、ちょっと」。　望ましくないことを言うときに使われます。

　　颜色有点儿素。　　　Yánsè yǒudiǎnr sù.

POINT 3　**"觉得 juéde" の使い方**　「～と思う」「～のような気がする」

1) 我觉得她穿连衣裙很好看。　Wǒ juéde tā chuān liányīqún hěn hǎokàn.

2) 我觉得汉语的语法非常简单。　Wǒ juéde Hànyǔ de yǔfǎ fēicháng jiǎndān.

3) 你觉得怎么样?　　　　　　Nǐ juéde zěnmeyàng?

ポイント早速練習

POINT 1

次の文を中国語に訳してみましょう。

1　ここはクレジットカードが使えますか。

2　出ていってもいいでしょうか。

3　携帯電話を使ってもいいですか。

POINT 2

次の文を中国語に訳してみましょう。

1　非常にかっこういいです。

2　あなたのカバンはけっこうきれいですね。

3　地味すぎですよ。

POINT 3

日本語の意味に合わせて、順番を並べ替えてみましょう。

1　あなたのワンピース姿はとてもきれいだと思います。

　　穿　覚得　连衣裙　好看　我　很　你

2　中国語は難しいと思いますか。

　　难　汉语　你　吗　觉得

3　彼女の日本語はとても上手だと思います。

　　我觉得　日语　她　好　非常　的

このワンピース、似合う？

32

铃木： 哎，你 看，那 件 连衣裙 多 漂亮！
Língmù： Āi, nǐ kàn, nèi jiàn liányīqún duō piàoliang!

陈： 嗯，挺 不错。进去 看看 吧。
Chén： Èn, tǐng búcuò. Jìnqu kànkan ba.

店员： 欢迎 光临。您 想 看看 什么？
Diànyuán： Huānyíng guānglín. Nín xiǎng kànkan shénme?

铃木： 这 件 连衣裙 可以 试试 吗？
Língmù： Zhèi jiàn liányīqún kěyǐ shìshi ma?

店员： 当然 可以。请 跟 我 来。
Diànyuán： Dāngrán kěyǐ. Qǐng gēn wǒ lái.

铃木： 怎么样？ 好看 吗？
Língmù： Zěnmeyàng? Hǎokàn ma?

店员： 哎呀！ 太 漂亮 了。
Diànyuán： Āiyā! Tài piàoliang le.

陈： 我 觉得 不 太 适合 你。
Chén： Wǒ juéde bú tài shìhé nǐ.

颜色 有点儿 素。
Yánsè yǒudiǎnr sù.

①	哎	āi	感	ほら
②	件	jiàn	量	～着
③	连衣裙	liányīqún	名	ワンピース
④	多	duō	副	何と
⑤	挺	tǐng	副	なかなか
⑥	可以	kěyǐ	助動	～してよい
⑦	试	shì	動	試す
⑧	当然	dāngrán	副	もちろん、当然
⑨	跟	gēn	前	～（の後ろ）に
⑩	好看	hǎokàn	形	きれいである
⑪	适合	shìhé	動	似合う
⑫	颜色	yánsè	名	色
⑬	有点儿	yǒudiǎnr	副	少し
⑭	素	sù	形	地味である

●本文を日本語に訳してみましょう。

鈴木：

陳：

店員：

鈴木：

店員：

鈴木：

店員：

陳：

ワードリストを使って、下線のところを置きかえて会話してみましょう。

1 A 这儿可以用手机吗?

B 当然可以。

ワードリスト

拍照
pāizhào

刷卡
shuākǎ

上网
shàngwǎng

坐
zuò

2 A 我可以试试吗?

B 不行。

ワードリスト

看看
kànkan

听听
tīngting

用用
yòngyong

尝尝
chángchang

3 A 你觉得怎么样？

B 我觉得颜色有点儿素。

ワードリスト

价钱　贵
jiàqian　guì

发音　难
fāyīn　nán

味道　咸
wèidao　xián

作业　多
zuòyè　duō

●簡体字を書いてみましょう。

裙	裙	裙	裙	裙	裙	裙	裙	裙	裙	裙
挺	挺	挺	挺	挺	挺	挺	挺	挺	挺	挺
错	错	错	错	错	错	错	错	错	错	错
试	试	试	试	试	试	试	试	试	试	试
跟	跟	跟	跟	跟	跟	跟	跟	跟	跟	跟
适	适	适	适	适	适	适	适	适	适	适
颜	颜	颜	颜	颜	颜	颜	颜	颜	颜	颜

第7課

55

リスニング＆リーディングに挑戦！

35

1 音声を聞いて、（　　）の中に言葉を入れてみましょう。

　　铃木和陈智冰进了一家服装店，铃木想买一件（　　　　），她问店员可以不可以（　　　　）。店员说："当然可以。您穿这件连衣裙一定很漂亮。"但是，陈智冰（　　　　）连衣裙的（　　　　）有点儿素，不适合铃木。

2 上の短文を読んで、以下の問題に答えましょう。

選択肢の中から正しい答えを選びましょう。

1 铃木想买什么？

　　1）一件连衣裙

　　2）一套西装

　　3）一件 T 恤

2 店员觉得铃木穿那件连衣裙漂亮吗？

　　1）非常漂亮。

　　2）不太好看。

　　3）颜色有点儿素。

3 陈智冰觉得那件连衣裙怎么样？

　　1）太贵了。

　　2）很适合铃木。

　　3）颜色太素了。

定着度チェック！

●ペアで本文を読んでみましょう。

鈴木：哎，你看，那件连衣裙多漂亮！

陈：　嗯，挺不错。进去看看吧。

店员：欢迎光临。您想看看什么？

鈴木：这件连衣裙可以试试吗？

店员：当然可以。请跟我来。

鈴木：怎么样？好看吗？

店员：哎呀！太漂亮了。

陈：　我觉得不太适合你。颜色有点儿素。

ロールプレイカード

こんな時はどう言うか、中国語で表現してみましょう。

鈴木：　あのワンピースが綺麗だと言う。

陈：　　なかなか良いと相槌を打つ。中に入ってみようと誘う。

店員：　いらっしゃい。何をご覧になりたいかと尋ねる。

鈴木：　このワンピースは、試着できるかと尋ねる。

店員：　もちろんと言って、試着室へ案内する。

鈴木：　どうですか、似合うかと尋ねる。

店員：　大変お似合いと誉める。

陈：　　あまり合わない、ちょっと地味だと思うと言う。

猜一猜！什么意思？

粉丝

A　ファン　　B　細い麺　　C　ファンデーション

第7課

第 8 课
Dì bā kè

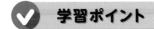 学習ポイント

36

| POINT 1 | "一～就… yī~jiù..." の言い方　「～するとすぐに…」 |

"一"の変調に注意

1) 他一听音乐就困。　　　　Tā yì tīng yīnyuè jiù kùn.

2) 她一下课就去打工。　　　Tā yí xiàkè jiù qù dǎgōng.

3) 一考试，我就紧张。　　　Yì kǎoshì, wǒ jiù jǐnzhāng.

4) 我一听就明白了。　　　　Wǒ yì tīng jiù míngbai le.

| POINT 2 | 禁止を表す副詞 "别 bié" |

"别"の他に"不要"を使うこともできます。"别"は話し言葉に使われ、"不要"は改まった場合も使われます。"别～了"は「もう～しないで」という意味を表します。

1) 别紧张。　　　　　　　　Bié jǐnzhāng.

2) 别迟到。　　　　　　　　Bié chídào.

3) 别看了。　　　　　　　　Bié kàn le.

4) 上课不要玩儿手机。　　　Shàngkè búyào wánr shǒujī.

| POINT 3 | 助動詞の "能 néng"　「(能力または条件をそなえていて)～できる」ことを表す |

1) 他能用汉语演讲。　　　　　　　Tā néng yòng Hànyǔ yǎnjiǎng.

2) 明天的宴会，你能参加吗？　　　Míngtiān de yànhuì, nǐ néng cānjiā ma?

3) 我还没成年，不能喝酒。　　　　Wǒ hái méi chéngnián, bù néng hē jiǔ.

4) 我感冒了，不能去上课。　　　　Wǒ gǎnmào le, bù néng qù shàngkè.

ポイント早速練習

POINT 1

次の文を中国語に訳してみましょう。

1 彼は授業に出ると眠くなります。

2 私は見てすぐわかりました。

3 彼女は授業が終わるとすぐ図書館に行きます。

POINT 2

次の文を中国語に訳してみましょう。

1 お酒を飲まないで。

2 もう食べないで。

3 あなたは風邪を引いたから、アルバイトに行かないでください。

POINT 3

質問に中国語で答えてみましょう。

1 他今年二十一岁，能喝酒吗？

2 上课能玩儿手机吗？

3 你能用汉语演讲吗？

具合が悪いの?

陈: 美沙，你 怎么 了？脸色 不 太 好。
Chén: Měishā, nǐ zěnme le? Liǎnsè bú tài hǎo.

铃木: 今天 早上 一 起床 就 觉得 不 舒服。
Língmù: Jīntiān zǎoshang yì qǐchuáng jiù juéde bù shūfu.

陈: 是 不 是 感冒 了？量 体温 了 吗？
Chén: Shì bu shì gǎnmào le? Liáng tǐwēn le ma?

铃木: 量 了。三十七 度 五。
Língmù: Liáng le. Sānshiqī dù wǔ.

陈: 去 医院 了 吗？
Chén: Qù yīyuàn le ma?

铃木: 没有。不过，问题 不 大。
Língmù: Méiyǒu. Búguò, wèntí bú dà.

陈: 多 喝 点儿 热水，
Chén: Duō hē diǎnr rèshuǐ,

今天 就 别 去 上课 了。
jīntiān jiù bié qù shàngkè le.

铃木: 不行，今天 有 期中 考试，
Língmù: Bùxíng, jīntiān yǒu qīzhōng kǎoshì,

我 不 能 休息。
wǒ bù néng xiūxi.

①	怎么了	zěnme le	フ	どうしましたか
②	脸色	liǎnsè	名	顔色
③	一～就…	yī~jiù...	フ	～すると…する
④	舒服	shūfu	形	楽である、気分がいい
⑤	感冒	gǎnmào	動	風邪をひく
⑥	量	liáng	動	測る
⑦	体温	tǐwēn	名	体温
⑧	医院	yīyuàn	名	病院
⑨	不过	búguò	接	しかし、けれども
⑩	热水	rèshuǐ	名	お湯
⑪	别	bié	副	～しないで、～してはいけない
⑫	期中考试	qīzhōng kǎoshì	名	中間テスト
⑬	能	néng	助動	～できる
⑭	休息	xiūxi	動	休む

第8課

●本文を日本語に訳してみましょう。

陳：

鈴木：

陳：

鈴木：

陳：

鈴木：

陳：

鈴木：

61

ワードリストを使って、下線のところを置きかえて会話してみましょう。

1 A 一<u>考试</u>，我就<u>紧张</u>。

B 我也一样。

――― ワードリスト ―――

看 书　　　困
kàn shū　　kùn

喝 酒　　　脸红
hē jiǔ　　liǎnhóng

放假　　　去 旅游
fàngjià　　qù　lǚyóu

2 A 你能<u>用汉语演讲</u>吗？

B 能。／不能。

――― ワードリスト ―――

用 英语 写 报告
yòng Yīngyǔ xiě bàogào

一 个 人 生活
yí　ge　rén shēnghuó

听懂 老师 的 汉语
tīngdǒng lǎoshī　de　Hànyǔ

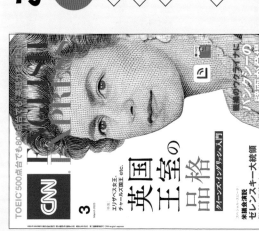

3 A 你怎么没去?

　　B <u>我感冒了</u>，不能去。

ワードリスト

下　大雪
xià　dàxuě

航班　取消
hángbān qǔxiāo

我　生病
wǒ shēngbìng

東京ー北京 CANCELLED

●簡体字を書いてみましょう。

怎	怎	怎	怎	怎	怎	怎	怎	怎	怎	怎
脸	脸	脸	脸	脸	脸	脸	脸	脸	脸	脸
舒	舒	舒	舒	舒	舒	舒	舒	舒	舒	舒
过	过	过	过	过	过	过	过	过	过	过
题	题	题	题	题	题	题	题	题	题	题
别	别	别	别	别	别	别	别	别	别	别

第8课

リスニング＆リーディングに挑戦！

40

① 音声を聞いて、（　）の中に言葉を入れてみましょう。

铃木今天早上一起床就觉得（　　　　）。她量了一下（　　　　），三十七度五。她感冒了。

陈智冰觉得铃木（　　　　）不好，让她去医院看看。铃木说她（　　　　）休息，因为今天有期中（　　　　）。

② 上の短文を読んで、以下の問題に答えましょう。

選択肢の中から正しい答えを選びましょう。

1　铃木是什么时候开始不舒服的?

1）昨天

2）今天早上

3）今天上午

2　陈智冰为什么让铃木去医院?

1）因为铃木没吃早饭。

2）因为今天没有期中考试。

3）因为铃木脸色不好。

3　铃木为什么不去医院?

1）因为没有时间。

2）因为今天有考试。

3）因为医院今天休息。

●ペアで本文を読んでみましょう。

陈： 美沙，你怎么了？脸色不太好。

铃木：今天早上一起床就觉得不舒服。

陈： 是不是感冒了？量体温了吗？

铃木：量了。三十七度五。

陈： 去医院了吗？

铃木：没有。不过，问题不大。

陈： 多喝点儿热水，今天就别去上课了。

铃木：不行，今天有期中考试，我不能休息。

こんな時はどう言うか、中国語で表現してみましょう。

陳： 挨拶して、顔色が悪い相手に、どうしたのと尋ねる。

鈴木： けさ起きたときから体調がわるいと返事する。

陳： 風邪なのか？体温を計ったかと尋ねる。

鈴木： 計った、37.5 と返事する。

陳： 病院に行ったかと尋ねる。

鈴木： 行ってない。大丈夫だと返事する。

陳： お湯をたくさん飲んで、今日は学校に行くのをやめたらと勧める。

鈴木： だめだ、中間試験があるから休めないと返事する。

鸡尾酒

A　カクテル　　B　焼き鳥に合うお酒

C　ダウンコート

第 9 課
Dì jiǔ kè

学習ポイント

41

POINT 1 複文 "虽然〜但是… suīrán~dànshì..."

"虽然" は「〜ではあるが」。"但是" は「しかし」。"虽然" と "但是" と呼応して、「〜ではあるが、しかし…」という意味を表します。

1) 汉语虽然有点儿难，但是很有意思。　Hànyǔ suīrán yǒudiǎnr nán, dànshì hěn yǒu yìsi.

2) 虽然没有见过面，但是早就知道您。　Suīrán méiyǒu jiànguo miàn, dànshì zǎojiù zhīdao nín.

3) 虽然学习很忙，但是也要去打工。　Suīrán xuéxí hěn máng, dànshì yě yào qù dǎgōng.

POINT 2 複文 "不是〜就是… bú shì~jiù shì..."

「〜でなければ…だ」「〜か…かのいずれかだ」という意味を表します。

1) 人们不是看书就是看报。　Rénmen bú shì kànshū jiù shì kàn bào.

2) 晚上不是打游戏就是玩儿手机。　Wǎnshang bú shì dǎ yóuxì jiù shì wánr shǒujī.

3) 他每天不是迟到就是早退。　Tā měitiān bú shì chídào jiù shì zǎotuì.

POINT 3 "听说 tīngshuō"「聞いた話によると」

1) 听说桂林的风景特别美。　Tīngshuō Guìlín de fēngjǐng tèbié měi.

2) 听说老师感冒了，今天不上课。　Tīngshuō lǎoshī gǎnmào le, jīntiān bú shàngkè.

3) 听说日本的电车很挤。　Tīngshuō Rìběn de diànchē hěn jǐ.

4) 听说你很喜欢吃寿司，是吗？　Tīngshuō nǐ hěn xǐhuan chī Shòusī, shì ma?

ポイント早速練習

POINT 1

次の文を中国語に訳してみましょう。

1 中国語は面白いですが、ちょっと難しいです。 ....

2 寿司はおいしいですが、ちょっと高いです。 ....

3 お金はないですが、中国に行きたいです。 ....

POINT 2

次の文を中国語に訳してみましょう。

1 彼は毎日テレビを見ていなければゲームをしています。 ....

2 ラーメンを食べなければうどんを食べます。 ....

3 彼女は毎晩本を読まなければ、音楽を聞きます。 ....

POINT 3

次の文を中国語に訳してみましょう。

1 中国語の文法はとても簡単だそうです。 ....

2 彼女は京都に行ったことがないそうです。 ....

3 鈴木さんは毎日アルバイトに行くそうです。 ....

日本の電車はほんとうに静か

42

陈：　日本 的 电车 太 挤 了。
Chén：　Rìběn de diànchē tài jǐ le.

铃木：　是 啊。特别 是 上下班 时间。
Língmù：　Shì a. Tèbié shì shàngxiàbān shíjiān.

陈：　虽然 很 挤，但是 很 安静。
Chén：　Suīrán hěn jǐ, dànshì hěn ānjìng.

铃木：　对。大家 不 是 看 手机 就 是 看 书
Língmù：　Duì. Dàjiā bú shì kàn shǒujī jiù shì kàn shū

看 报。
kàn bào.

陈：　还有 的 在 睡觉。说话 的 人 很 少。
Chén：　Háiyǒu de zài shuìjiào. Shuōhuà de rén hěn shǎo.

铃木：　听说 中国人 上下班 一般 坐 地铁？
Língmù：　Tīngshuō Zhōngguórén shàngxiàbān yìbān zuò dìtiě?

陈：　对。地铁 里 有 人 打 电话，
Chén：　Duì. Dìtiě li yǒu rén dǎ diànhuà,

有 人 聊天儿，所以 比较 吵。
yǒu rén liáotiānr, suǒyǐ bǐjiào chǎo.

铃木：　是 吗? 太 有 意思 了。
Língmù：　Shì ma? Tài yǒu yìsi le.

新出語句

43

①	挤	jǐ	形	込み合っている
②	上下班	shàngxiàbān	動	通勤する
③	虽然	suīrán	接	〜ではあるが
④	但是	dànshì	揉	しかし
⑤	安静	ānjìng	形	静かだ
⑥	大家	dàjiā	名	みんな
⑦	不是〜就是…	bú shì〜jiù shì...	フ	〜でなければ…である
⑧	手机	shǒujī	名	携帯電話
⑨	报	bào	名	新聞
⑩	睡觉	shuìjiào	動	眠る
⑪	一般	yìbān	形	普通である、一般的である
⑫	聊天儿	liáotiānr	動	おしゃべりする
⑬	所以	suǒyǐ	接	だから
⑭	比较	bǐjiào	副	比較的、わりあい
⑮	吵	chǎo	形	騒がしい
⑯	有意思	yǒu yìsi	フ	面白い

●本文を日本語に訳してみましょう。

陳：

鈴木：

陳：

鈴木：

陳：

鈴木：

陳：

鈴木：

第
9
課

69

ワードリストを使って、下線のところを置きかえて会話してみましょう。

① A 日本的<u>电车</u>太<u>挤</u>了。

　 B 是啊。

ワードリスト

物价　　　贵
wùjià　　guì

富士 山　美
Fùshì Shān　měi

服务　　　棒
fúwù　　　bàng

寿司　　　好吃
shòusī　　hǎochī

② A 虽然很<u>挤</u>，但是很<u>安静</u>。

　 B 对。

ワードリスト

难　　有 意思
nán　　yǒu yìsi

贵　　好吃
guì　　hǎochī

累　　开心
lèi　　kāixīn

小　　可爱
xiǎo　　kě'ài

3　A　周日你在家做什么？

　　B　我不是<u>上网</u>，就是<u>看书</u>。

ワードリスト

看 电视
kàn diànshì

听 音乐
tīng yīnyuè

玩儿 手机
wánr shǒujī

打 游戏
dǎ yóuxì

写 论文
xiě lùnwén

查 资料
chá zīliào

吃
chī

睡
shuì

●簡体字を書いてみましょう。

电	电	电	电	电	电	电	电	电	电	电	电
车	车	车	车	车	车	车	车	车	车	车	车
虽	虽	虽	虽	虽	虽	虽	虽	虽	虽	虽	虽
报	报	报	报	报	报	报	报	报	报	报	报
坐	坐	坐	坐	坐	坐	坐	坐	坐	坐	坐	坐
铁	铁	铁	铁	铁	铁	铁	铁	铁	铁	铁	铁
聊	聊	聊	聊	聊	聊	聊	聊	聊	聊	聊	聊
吵	吵	吵	吵	吵	吵	吵	吵	吵	吵	吵	吵

リスニング＆リーディングに挑戦！

1 音声を聞いて、（　　）の中に言葉を入れてみましょう。

日本的电车非常（　　　　），特别是上下班时间。电车里（　　　　）很挤，（　　　　）很安静。大家不是看手机，就是看书看报。（　　　　）中国人上下班一般坐地铁，地铁里有人打电话，有人聊天儿，所以比较（　　　　）。

---

2 上の短文を読んで、以下の問題に答えましょう。

選択肢の中から正しい答えを選びましょう。

1 日本的电车怎么样？

　1）电车里很吵。

　2）电车里人很多。

　3）电车里有人打电话。

同じ意味の文を選びましょう。

2 大家不是看手机，就是看书看报。

　1）大家不看书，也不看报。

　2）有的人看手机，有的人看书看报。

　3）没有人看手机。

正しい答えを選びましょう。

3 中国的地铁怎么样？

　1）有人打电话。

　2）不能聊天儿。

　3）非常安静。

定着度チェック！

●ペアで本文を読んでみましょう。

陈：　日本的电车太挤了。

铃木：是啊。特别是上下班时间。

陈：　虽然很挤，但是很安静。

铃木：对。大家不是看手机就是看书看报。

陈：　还有的在睡觉。说话的人很少。

铃木：听说中国人上下班一般坐地铁？

陈：　对。地铁里有人打电话，有人聊天儿，所以比较吵。

铃木：是吗？太有意思了。

ロールプレイカード

こんな時はどう言うか、中国語で表現してみましょう。

陳：　　日本の電車は大変混んでいるとなげく。

鈴木：　相槌を打って、一番混んでいる時間を言う。

陳：　　混んでいるがとても静かだと感心して一言。

鈴木：　そうだね、人々が何をしているかを話す。

陳：　　寝る人もいるが、話す人はめったにいないと言う。

鈴木：　相槌を打って、中国人が通勤に地下鉄を利用するのかと確認する。

陳：　　中国の地下鉄の様子を紹介する。

鈴木：　日本と中国の違いに驚き、大変興味深いと言う。

猜一猜！
什么意思？

企鹅

A　ペンギン　　B　旅行計画　　C　ロケット

第 10 课
Dì shí kè

✔ 学習ポイント

POINT 1 形容詞＋“**极了** jíle”／“**死了** sǐ le” 程度の甚だしさを強調する

1) 小笼包好吃极了。　　Xiǎolóngbāo hǎochī jíle.

2) 东京的电车方便极了。　　Dōngjīng de diànchē fāngbiàn jíle.

3) 累死了，我们休息休息吧。　　Lèisǐ le, wǒmen xiūxixiuxi ba.

4) 饿死了，我们去吃饭吧。　　Èsǐ le, wǒmen qù chīfàn ba.

POINT 2 **可能補語** 動作行為が客観的に実現可能かどうかを説明するもの

肯定　動詞＋“**得**”＋結果補語／方向補語など

否定　動詞＋“**不**”＋結果補語／方向補語など

肯定		否定	
进得去	jìndequ	进不去	jìnbuqu
听得懂	tīngdedǒng	听不懂	tīngbudǒng
买得到	mǎidedào	买不到	mǎibudào
走得动	zǒudedòng	走不动	zǒubudòng
吃得了	chīdeliǎo	吃不了	chībuliǎo

POINT 3 **動詞の重ね型** 「ちょっと～する」、「～してみる」というニュアンスを表す

1) 你尝尝这个。　　Nǐ chángchang zhèige.

2) 你休息休息吧。　　Nǐ xiūxixiuxi ba.

単音節の動詞の重ね型の間に“**一**”が入ることもあります。

3) 我想听一听你的意见。　　Wǒ xiǎng tīngyiting nǐ de yìjiàn.

ポイント早速練習

<image-block>■ POINT 1</image-block>

次の文を中国語に訳してみましょう。

1　北京の地下鉄はすごく便利です。　..

2　桂林の景色はすごくきれいです。　..

3　すごく疲れた！　..

<image-block>■ POINT 2</image-block>

次の語の否定形を書いてみましょう。

进得来　⇔　..

看得懂　⇔　..

听得见　⇔　..

找得到　⇔　..

走得动　⇔　..

喝得了　⇔　..

<image-block>■ POINT 3</image-block>

次の文を中国語に訳してみましょう。

1　これを見てみてください。　..

2　このショーロンポーを食べてみてください。　..

3　私たちはちょっと休みましょう。　..

<image-block>第
10
課</image-block>

ちょっと休みましょう

🎧 47

铃木： 累 死 了， 找 个 地方 坐 一会儿 吧。
Língmù： Lèisǐ le, zhǎo ge dìfang zuò yíhuìr ba.

陈： 好 吧。我 也 走 不动 了。
Chén： Hǎo ba. Wǒ yě zǒubudòng le.

铃木： 咱们 就 在 这儿 休息休息 吧。
Língmù： Zánmen jiù zài zhèr xiūxixiuxi ba.

陈： 行。我 去 买 饮料。你 想 喝 什么？
Chén： Xíng. Wǒ qù mǎi yǐnliào. Nǐ xiǎng hē shénme?

铃木： 什么 都 可以。
Língmù： Shénme dōu kěyǐ.

陈： 买来 了。咖啡 和 红茶，
Chén： Mǎilai le. Kāfēi hé hóngchá,

你 选 一 个 吧!
nǐ xuǎn yí ge ba!

铃木： 谢谢。哎呀! 都 是 热 的?
Língmù： Xièxie. Āiyā! Dōu shì rè de?

陈： 女孩儿 最好 别 喝 凉 的，
Chén： Nǚháir zuìhǎo bié hē liáng de,

对 身休 不 好。
duì shēntǐ bù hǎo.

①	累	lèi	形	疲れている
②	死了	sǐ le	フ	すごく～である
③	找	zhǎo	動	探す
④	地方	dìfang	名	場所
⑤	一会儿	yíhuìr	名	少し、しばらく
⑥	走不动	zǒubudòng	フ	歩けない
⑦	咱们	zánmen	名	私たち
⑧	什么都～	shénme dōu~	フ	何もかも～
⑨	选	xuǎn	動	選ぶ
⑩	热的	rè de	フ	温かいもの
⑪	女孩儿	nǚháir	名	女の子
⑫	最好	zuìhǎo	副	～したほうがいい
⑬	凉的	liáng de	フ	冷たいもの
⑭	对	duì	前	～にとって

第10課

●本文を日本語に訳してみましょう。

鈴木：

陳：

鈴木：

陳：

鈴木：

陳：

鈴木：

陳：

77

ワードリストを使って、下線のところを置きかえて会話してみましょう。

49

1 A 累死了，找个地方坐一会儿吧。

B 好吧。

ワードリスト

饿　吃饭
è　　chīfàn

渴　喝茶
kě　hē chá

困　休息休息
kùn　　xiūxixiuxi

2 A 走得动吗?

B 走不动。

ワードリスト

买得到
mǎidedào

进得去
jìndequ

看得见
kàndejiàn

吃得了
chīdeliǎo

78

3 A 我想看看你家猫咪的照片。

B 可以啊。

ワードリスト

听听　　你 的 意见
tīngting　　nǐ de yìjiàn

说说　　自己 的 感想
shuōshuo　　zìjǐ de gǎnxiǎng

见见　　你 父母
jiànjian　　nǐ fùmǔ

●簡体字を書いてみましょう。

找	找	找	找	找	找	找	找	找	找	找
动	动	动	动	动	动	动	动	动	动	动
咱	咱	咱	咱	咱	咱	咱	咱	咱	咱	咱
买	买	买	买	买	买	买	买	买	买	买
喝	喝	喝	喝	喝	喝	喝	喝	喝	喝	喝
选	选	选	选	选	选	选	选	选	选	选
热	热	热	热	热	热	热	热	热	热	热

第 **10** 课

リスニング＆リーディングに挑戦！

① 音声を聞いて、（　　）の中に言葉を入れてみましょう。
50

　　铃木觉得很累，陈智冰也（　　　　）了，他们想找个地方休息休息。陈智冰要去买（　　　　），他问铃木喝什么，铃木说什么都（　　　　）。陈智冰买来了热咖啡和热红茶，他说："女孩儿最好别喝（　　　　），对身体不好。"

② 上の短文を読んで、以下の問題に答えましょう。

選択肢の中から正しい答えを選びましょう。

1 铃木和陈智冰想做什么？

　　1）他们想喝红茶。

　　2）他们想喝咖啡。

　　3）他们想休息休息。

同じ意味の文を選びましょう。

2 女孩儿最好别喝凉的。

　　1）女孩儿喝热的比较好。

　　2）女孩儿最好喝凉的。

　　3）女孩儿不要喝热的。

正しい答えを選びましょう。

3 陈智冰买来了什么？

　　1）他买来了两杯饮料。

　　2）他买来了热咖啡和热红茶。

　　3）他买来了冰咖啡和热红茶。

●ペアで本文を読んでみましょう。

鈴木: 累死了，找个地方坐一会儿吧。

陈： 好吧。我也走不动了。

铃木: 咱们就在这儿休息休息吧。

陈： 行。我去买饮料。你想喝什么?

铃木: 什么都可以。

陈： 买来了。咖啡和红茶，你选一个吧!

铃木: 谢谢。哎呀! 都是热的?

陈： 女孩儿最好别喝凉的，对身体不好。

───ロールプレイカード───

こんな時はどう言うか、中国語で表現してみましょう。

鈴木： 大変疲れたので、どこかで休もうと提案する。

陳： 賛成して、自分も歩けなくなったと言う。

鈴木： ここで休もうと提案する。

陳： 了解し、飲み物を買いに行くから何がいいかと尋ねる。

鈴木： お任せすると返事する。

陳： 買ってきたものを選んでもらう。

鈴木： お礼を言う。全部温かいものだとわかって驚いて一言。

陳： その理由を教える。

猜一猜!
什么意思?

手套

A 手袋　　B 手段　　C 手作り

第 **11** 课
Dì shíyī kè

 学習ポイント

51

POINT 1　　"把 bǎ" 構文　「〜を（…する）」

主語＋"把"＋目的語（特定のもの）＋動詞＋α

1) 把窗户打开吧。　　　　　　　Bǎ chuānghu dǎkāi ba.

2) 把门关上吧。　　　　　　　　Bǎ mén guānshang ba.

3) 他把蜡烛点上了。　　　　　　Tā bǎ làzhú diǎnshang le.

4) 我把护照放在抽屉里了。　　　Wǒ bǎ hùzhào fàngzài chōuti li le.

POINT 2　　前置詞 "为 wèi"「〜のために…する」　"为了 wèile"「〜のために、…する」

1) 为大家的健康干杯！　　　　　Wèi dàjiā de jiànkāng gānbēi!

2) 为了去留学，她每天都去打工。　Wèile qù liúxué, tā měitiān dōu qù dǎgōng.

3) 为了减肥，他不吃碳水化合物。　Wèile jiǎnféi, tā bù chī tànshuǐ huàhéwù.

POINT 3　　複合方向補語　動作の向う方向を表す

動詞＋"上来（去）"／"下来（去）"／"进来（去）"／"出来（去）"など。

1) 王先生走出去了。　　　　　　Wáng xiānsheng zǒuchuqu le.

2) 他跑进来了。　　　　　　　　Tā pǎojinlai le.

3) 雨伞带回来了吗？　　　　　　Yǔsǎn dàihuilai le ma?

4) 邮件发出去了。　　　　　　　Yóujiàn fāchuqu le.

ポイント早速練習

POINT 1

次の文を中国語に訳してみましょう。

1 ドアを開けましょう。

2 窓を閉めましょう。

3 あなたはパスポートをどこに置きましたか。

POINT 2

次の文を中国語に訳してみましょう。

1 わたしたちの健康のために乾杯！

2 ダイエットのために彼女は毎日朝ごはんを食べません。

3 アメリカへ留学に行くために、彼女は毎日アルバイトをしています。

POINT 3

次の文を中国語に訳してみましょう。

1 先生は歩いて入ってきました。

2 私は辞書を持ち帰ってきました。

3 メールを出しましたか。

铃木： 啊！ 这么 多 好吃 的！
Língmù： À! Zhème duō hǎochī de!

陈： 来， 我们 把 蜡烛 点上！
Chén： Lái, wǒmen bǎ làzhú diǎnshang!

圣诞 节 快乐！
Shèngdàn Jié kuàilè!

铃木： 为 我们 的 友谊 干杯！
Língmù： Wèi wǒmen de yǒuyì gānbēi!

陈： 中国式 的 干杯， 要 全部 喝下去！
Chén： Zhōngguóshì de gānbēi, yào quánbù hēxiaqu!

我 干 了， 你 随意。
Wǒ gān le, nǐ suíyì.

铃木： 看， 这 是 我 送 你 的 圣诞 礼物。
Língmù： Kàn, zhè shì wǒ sòng nǐ de shèngdàn lǐwù.

陈： 谢谢！ 可以 打开 吗？
Chén： Xièxie! Kěyǐ dǎkāi ma?

铃木： 当然 可以。 看看 喜欢 不 喜欢？
Língmù： Dāngrán kěyǐ. Kànkan xǐhuan bu xǐhuan?

陈： 好 漂亮 的 围巾！ 我 太 高兴 了！
Chén： Hǎo piàoliang de wéijīn! Wǒ tài gāoxìng le!

①	好吃的	hǎochī de	フ	おいしいもの
②	来	lái	動	（人を促す）さあ
③	把	bǎ	前	～を
④	蜡烛	làzhú	名	ろうそく
⑤	点	diǎn	動	点ける
⑥	圣诞节快乐	Shèngdàn Jié kuàilè	フ	メリー・クリスマス
⑦	为	wèi	前	～のために
⑧	友谊	yǒuyì	名	友情
⑨	干杯	gānbēi	動	乾杯する
⑩	中国式	Zhōngguóshì	フ	中国式
⑪	全部	quánbù	名	すべて、全部
⑫	喝下去	hēxiaqu	フ	飲んでしまう
⑬	干	gān	動	飲み干す
⑭	随意	suíyì	形	自由である
⑮	打开	dǎkāi	動	開く
⑯	围巾	wéijīn	名	マフラー、スカーフ

●本文を日本語に訳してみましょう。

鈴木：

陳：

鈴木：

陳：

鈴木：

陳：

鈴木：

陳：

第 **11** 课

ワードリストを使って、下線のところを置きかえて会話してみましょう。

1 A 圣诞节快乐!

 B 圣诞节快乐!

新年
xīnnián

春节
Chūn Jié

情人节
Qíngrén Jié

万圣节
Wànshèng Jié

2 A 为我们的友谊干杯!

 B 干杯!

大家 的 健康
dàjiā de jiànkāng

你 二十 岁 的 生日
nǐ èrshi suì de shēngri

新 的 一 年
xīn de yì nián

我们 的 合作
wǒmen de hézuò

3 A　雨伞带回来了吗?

　　B　带回来了。/ 没带回来。

ワードリスト

蛋糕　　买回来
dàngāo　mǎihuilai

护照　　取回来
hùzhào　qǔhuilai

邮件　　发出去
yóujiàn　fāchuqu

办法　　想出来
bànfǎ　xiǎngchulai

●簡体字を書いてみましょう。

蜡	蜡	蜡	蜡	蜡	蜡	蜡	蜡	蜡	蜡	蜡
烛	烛	烛	烛	烛	烛	烛	烛	烛	烛	烛
圣	圣	圣	圣	圣	圣	圣	圣	圣	圣	圣
诞	诞	诞	诞	诞	诞	诞	诞	诞	诞	诞
节	节	节	节	节	节	节	节	节	节	节
为	为	为	为	为	为	为	为	为	为	为
开	开	开	开	开	开	开	开	开	开	开
围	围	围	围	围	围	围	围	围	围	围

第**11**课

リスニング＆リーディングに挑戦！

55

1 音声を聞いて、（　　）の中に言葉を入れてみましょう。

今天是（　　　　），铃木来陈智冰家吃晚饭，陈智冰做了很多好吃的。他们为（　　　　）干杯。陈智冰告诉铃木中国式的干杯要全部（　　　　）。铃木送陈智冰一条很漂亮的（　　　　），陈智冰非常高兴。

- ·-

2 上の短文を読んで、以下の問題に答えましょう。

選択肢の中から正しい答えを選びましょう。

1 陈智冰做了什么？

1）做了一条围巾。

2）去铃木家吃晚饭了。

3）做了很多好吃的东西。

2 铃木做什么了？

1）把酒都喝了。

2）送了陈智冰一条围巾。

3）做了很多好吃的。

3 中国式的干杯要怎么做？

1）中国式的干杯要点蜡烛。

2）中国式的干杯要都喝下去。

3）中国式的干杯可以不喝。

定着度チェック！

●ペアで本文を読んでみましょう。

鈴木：啊！这么多好吃的！

陈：　来，我们把蜡烛点上！圣诞节快乐！

鈴木：为我们的友谊干杯！

陈：　中国式的干杯，要全部喝下去！我干了，你随意。

鈴木：看，这是我送你的圣诞礼物。

陈：　谢谢！可以打开吗？

鈴木：当然可以。看看喜欢不喜欢？

陈：　好漂亮的围巾！我太高兴了！

第11课

ロールプレイカード

こんな時はどう言うか、中国語で表現してみましょう。

鈴木：　たくさんの美味しいものに感動して一言。

陈：　　ろうそくをつけようと言って、メリー・クリスマスと言う。

鈴木：　友情のために乾杯と言う。

陈：　　中国式の乾杯の仕方を教えて、無理しないでと言う。

鈴木：　自分のプレゼントを見せる。

陈：　　開けてもいいかと尋ねる。

鈴木：　もちろん、気にいったかと尋ねる。

陈：　　綺麗なマフラー、本当に嬉しいと言う。

猜一猜！什么意思？

淋浴

A　寂しい雨　　B　独り風呂　　C　シャワー

89

第 **12** 课
Dì   shí'èr   kè

✔ 学習ポイント

56

POINT **1**   "**越来越** yuèláiyuè" 「ますます〜になる」、「だんだん〜になる」

1) 我越来越喜欢日本了。　　　Wǒ yuè lái yuè xǐhuan Rìběn le.

2) 天气越来越冷了。　　　Tiānqì yuè lái yuè lěng le.

3) 来日本旅游的中国人越来越多了。　Lái Rìběn lǚyóu de Zhōngguórén yuè lái yuè duō le.

4) 铃木的汉语越来越好了。　　Língmù de Hànyǔ yuè lái yuè hǎo le.

POINT **2**   使役表現

「〜させる」「〜してもらう」を表すには、動詞"让 ràng"または"叫 jiào"を使います。

A （させる人）+"让" / "叫"+B （動作をする人）+動詞フレーズ

1) 老师让我们查词典。　　　Lǎoshī ràng wǒmen chá cídiǎn.

2) 铃木让陈智冰去她家吃饭。　Língmù ràng Chén Zhìbīng qù tā jiā chīfàn.

3) 我爸爸不让我玩儿游戏。　　Wǒ bàba bú ràng wǒ wánr yóuxì.

POINT **3**   助動詞の "**得** děi" 「〜しなければならない」

1) 你感冒了，得去医院看看。　　Nǐ gǎnmào le, děi qù yīyuàn kànkan.

2) 快要考试了，我得好好儿复习功课。　Kuàiyào kǎoshì le, wǒ děi hǎohāor fùxí gōngkè.

3) 时间不早了，我得回家了。　　Shíjiān bù zǎo le, wǒ děi huíjiā le.

ポイント早速練習

POINT 1

次の文を中国語に訳してみましょう。

1　私はますます中国語が好きになりました。

2　先生はますます若くなりました。（若い＝年轻 niánqīng）

3　陳智氷さんの日本語はますます上手になりました。

POINT 2

次の文を中国語に訳してみましょう。

1　陳智氷さんは鈴木さんに家にご飯を食べに来てもらいます。

2　お父さんは私にアルバイトをさせてくれません。

3　お母さんはあなたを留学に行かせてくれますか。

POINT 3

Aの文とBの文と意味があうように、線で結んでみましょう。

A

我感冒了，　　　・

快要考试了，　　・

明天早上有课，　・

B

・　我得好好儿复习功课。

・　今天得早点儿睡觉。

・　得去医院看看。

ますます日本が好きになった

铃木：你 来 日本 一 年 多 了 吧。
Língmù： Nǐ lái Rìběn yì nián duō le ba.

陈：对。我 越 来 越 喜欢 日本 了。
Chén： Duì. Wǒ yuè lái yuè xǐhuan Rìběn le.

铃木：春假 你 想 不 想 去 旅游?
Língmù： Chūnjià nǐ xiǎng bu xiǎng qù lǚyóu?

陈：想。可 我 父母 让 我 回家 过年。
Chén： Xiǎng. Kě wǒ fùmǔ ràng wǒ huíjiā guònián.

铃木：听说 中国 的 春 节 热闹 极了。
Língmù： Tīngshuō Zhōngguó de Chūn Jié rènao jíle.

陈：对。欸，你 跟 我 回 北京 过 春 节，
Chén： Duì. Éi, nǐ gēn wǒ huí Běijīng guò Chūn Jié,

怎么样?
zěnmeyàng?

铃木：真 的 吗! 那 我 更 得 打工 挣钱 了。
Língmù： Zhēn de ma! Nà wǒ gèng děi dǎgōng zhèngqián le.

陈：不用，到了 北京，一切 包在 我 身上!
Chén： Búyòng, dàole Běijīng, yíqiè bāozài wǒ shēnshang!

新出語句

58

①	越来越	yuè lái yuè	副	ますます
②	春假	chūnjià	名	春休み
③	可	kě	接	しかし
④	让	ràng	動	～させる
⑤	过年	guònián	動	新年を迎える
⑥	春节	Chūn Jié	名	春節
⑦	热闹	rènao	形	にぎやかである
⑧	极了	jíle	フ	すごく～だ
⑨	更	gèng	副	さらに
⑩	得	děi	助動	～しなければならない
⑪	挣钱	zhèngqián	動	お金を稼ぐ
⑫	不用	búyòng	副	～する必要はない
⑬	一切	yíqiè	代	すべて
⑭	包	bāo	動	任せる
⑮	身上	shēnshang	名	体（に）、身（に）

●本文を日本語に訳してみましょう。

鈴木：

陳：

鈴木：

陳：

鈴木：

陳：

鈴木：

陳：

第12课

93

ワードリストを使って、下線のところを置きかえて会話してみましょう。

1 A 天气越来越冷了。

B 是啊。

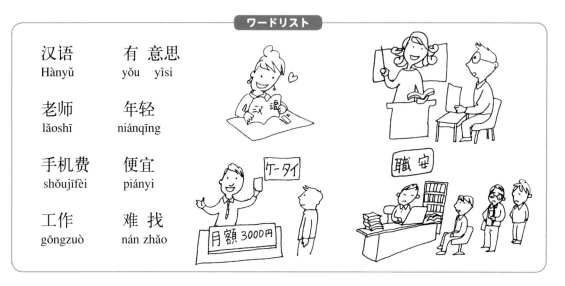

ワードリスト

汉语　　　　有 意思
Hànyǔ　　　yǒu　yìsi

老师　　　　年轻
lǎoshī　　　niánqīng

手机费　　　便宜
shǒujīfèi　　piányi

工作　　　　难 找
gōngzuò　　nán zhǎo

2 A 妈妈让你玩儿游戏吗？

B 让我玩儿游戏。／ 不让我玩儿游戏。

ワードリスト

打扫 房间
dǎsǎo fángjiān

和 朋友 玩儿
hé péngyou wánr

参加 社团 活动
cānjiā shètuán huódòng

去 国外 留学
qù guówài liúxué

3 A 快考试了，我得复习功课。

B 我们一起复习吧。

ワードリスト

放假　　去　短期　留学
fàngjià　qù duǎnqī liúxué

下雨　　去　拿　雨伞
xiàyǔ　 qù ná yǔsǎn

下课　　去　图书馆　借　书
xiàkè　 qù túshūguǎn jiè shū

毕业　　找　工作
bìyè　 zhǎo gōngzuò

●簡体字を書いてみましょう。

让	让	让	让	让	让	让	让	让	让	让
闹	闹	闹	闹	闹	闹	闹	闹	闹	闹	闹
极	极	极	极	极	极	极	极	极	极	极
钱	钱	钱	钱	钱	钱	钱	钱	钱	钱	钱
包	包	包	包	包	包	包	包	包	包	包

第 **12** 課

リスニング＆リーディングに挑戦！

① 音声を聞いて、（　　）の中に言葉を入れてみましょう。

60

　　陈智冰来日本一年多了，他（　　　　）喜欢日本了。春假他想回去过年。他想让铃木跟他一起回北京，看看中国的（　　　　）。铃木很高兴，她说更得打工（　　　　）了。陈智冰说："不用，到了北京，一切（　　　　）我身上。"

② 上の短文を読んで、以下の問題に答えましょう。

選択肢の中から正しい答えを選びましょう。

1 陈智冰来日本多长时间了？

　　1）他来日本一年多了。

　　2）他来日本半年多了。

　　3）他来日本两年多了。

2 春假陈智冰想回去做什么？

　　1）他想回去过春节。

　　2）他想回去旅游。

　　3）他想回去找工作。

3 为什么铃木很高兴？

　　1）因为她能去中国留学。

　　2）因为她能去看中国的春节。

　　3）因为她能去打工。

96

●ペアで本文を読んでみましょう。

鈴木：你来日本一年多了吧。

陈：　对。我越来越喜欢日本了。

鈴木：春假你想不想去旅游？

陈：　想。可我父母让我回家过年。

鈴木：听说中国的春节热闹极了。

陈：　对。欸，你跟我回北京过春节，怎么样？

鈴木：真的吗！那我更得打工挣钱了。

陈：　不用，到了北京，一切包在我身上！

第12课

ロールプレイカード

こんな時はどう言うか、中国語で表現してみましょう。

鈴木：　日本に来て、一年かと尋ねる。

陳：　　そう、ますます日本のことが好きになったと言う。

鈴木：　春休みは旅行に行きたいかと誘ってみる。

陳：　　父母に帰れと言われたと返事する。

鈴木：　中国の春節はとても賑やかだと聞いたという。

陳：　　そう、一緒に北京で春節を迎えようと提案する。

鈴木：　ほんとう！アルバイトでお金を稼がないとと言う。

陳：　　大丈夫、北京に来たら、私に任せてと言う。

猜一猜！
什么意思？

圆梦

A　幸せな夢　　B　丸い遊園地　　C　夢を実現する

単語索引

＊数字は課数、「新」は新出単語、「ワ」はワードリストを表す

高兴	gāoxìng	形	2新		**K**				
高一	gāoyī	名	5新		开车	kāi chē	フ	5ワ	
跟	gēn	前	7新		开心	kāixīn	形	9ワ	
更	gèng	副	12新		开学	kāixué	動	1新	
工作	gōngzzuò	名	5新		看得见	kàn de jiàn	フ	10ワ	
怪不得	guàibude	副	5新		可	kě	接	12新	
逛街	guàngjiē	フ	2ワ		渴	kě	形	10ワ	
贵	guì	形	7ワ		可爱	kě'ài	形	9ワ	
过圣诞节	guò Shèngdànjié	フ	6ワ		可乐	kělè	名	4新	
过年	guònián	動	12新		可以	kěyǐ	形	2新	
国外	guówài	名	12ワ		可以	kěyǐ	助動	7新	
H					快要~了	kuàiyào~le	フ	6新	
还是	háishi	接	2新		困	kùn	形	8ワ	
航班	hángbān	名	8ワ		**L**				
好	hǎo	副	1新		来	lái	動	11新	
好吃的	hǎochīde	フ	11新		来晚	láiwǎn	フ	3新	
好看	hǎokàn	形	7新		拉面	lāmiàn	名	2新	
喝茶	hē chá	フ	8ワ		蜡烛	làzhú	名	11新	
和服	héfú	名	2ワ		累	lèi	形	9ワ、10新	
喝下去	hēxiàqu	フ	11新		礼堂	lǐtáng	名	1新	
合作	hézuò	名・動	11ワ		量	liáng	動	8新	
红酒	hóngjiǔ	名	4ワ		凉的	liángde	フ	10新	
欢迎光临	huānyíngguānglín	フ	4新		凉快	liángkuài	形	6新	
滑雪	huáxuě	動	5ワ		脸红	liǎnhóng	フ	8ワ	
回去	huíqu	フ	3ワ		脸色	liǎnsè	名	8新	
J					连衣裙	liányīqún	名	7新	
挤	jǐ	形	9新		聊天儿	liáotiānr	動	9新	
家	jiā	量	2新		旅游	lǚyóu	動	6新	
件	jiàn	量	7新		**M**				
酱油拉面	jiàngyóulāmiàn	名	3新		买得到	mǎi de dào	フ	10ワ	
健康	jiànkāng	名	11ワ		买票	mǎi piào	フ	1ワ	
价钱	jiàqián	名	7ワ		买回来	mǎihuilai	フ	11ワ	
借书	jiè shū	フ	12ワ		卖完	màiwán	フ	3ワ	
极了	jíle	動	12新		美	měi	形	9ワ	
进得去	jìn de qu	フ	10ワ		没事儿	méishìr	動	3新	
金阁寺	Jīngé sì	名	3ワ		**N**				
进去	jìnqu	フ	3新		那	nà	接	3新	
紧张	jǐnzhāng	形	8ワ		难	nán	形	5新	
就	jiù	副	1新		难找	nán zhǎo	フ	12ワ	
JR 线	JR xiàn	名	2ワ		能	néng	助動	8新	
觉得	juéde	動	5新		年轻	niánqīng	形	12ワ	
					暖和	nuǎnhuo	形	2ワ	

女孩儿	nǚháir	名	10	新
P				
拍照	pāizhào	動	7	ワ
盘	pán	量	4	新
便宜	piányi	形	12	ワ
漂亮	piàoliang	形	2	ワ
Q				
期末考试	qīmò kǎoshì	名	6	ワ
请	qǐng	動	2	新
情人节	Qíngrénjié	名	11	ワ
旗袍	qípáo	名	2	ワ
起晚	qǐwǎn	フ	3	ワ
期中考试	qīzhōng kǎoshì	名	8	新
全部	quánbù	名	11	新
取消	qǔxiāo	動	8	ワ
R				
让	ràng	動	12	新
热的	rè de	形	10	新
热闹	rènao	形	12	新
热水	rèshuǐ	名	8	新
日本菜	Rìběncài	名	2	ワ
然后	ránhòu	名	6	新
如果	rúguǒ	接	2	新
S				
上去	shàngqu	フ	3	ワ
上网	shàngwǎng	動	7	ワ
上下班	shàngxiàbān	動	9	新
生病	shēngbìng	動	8	ワ
圣诞节快乐	shèngdàn Jié kuàilè	フ	11	新
生活	shēnghuó	名	8	ワ
什么都~	shénmedōu~	フ	10	新
身上	shēnshang	名	12	新
社团活动	shètuán huódòng	名	12	ワ
试	shì	動	7	新
是~的	shì~de	フ	5	新
适合	shìhé	動	7	新
时间	shíjiān	名	2	ワ
食堂	shítáng	名	1	ワ
手机	shǒujī	名	9	新
手机费	shǒujī fèi	名	12	ワ
寿司	shòusī	名	3	ワ
刷卡	shuākǎ	動	7	ワ
书店	shūdiàn	名	1	ワ
舒服	shūfu	形	8	新
睡	shuì	動	9	ワ
睡觉	shuìjiào	動	9	新
暑假	shǔjià	名	6	新
说	shuō	動	5	新
素	sù	形	7	新
死了	sǐle	フ	10	新
虽然	suīrán	接	9	新
随意	suíyì	形	11	新
所以	suǒyǐ	接	9	新
T				
太~了	tài~le	フ	2	新
弹钢琴	tán gāngqín	フ	5	ワ
套餐	tàocān	名	4	新
特别	tèbié	副	2	新
挺	tǐng	副	7	新
听懂	tīngdǒng	フ	8	ワ
听说	tīngshuō	動	6	新
体温	tǐwēn	名	8	新
脱鞋	tuō xié	フ	1	ワ
图书馆	túshūguǎn	名	1	ワ
W				
碗	wǎn	量	4	新
晚饭	wǎnfàn	名	2	新
网红店	wǎnghóngdiàn	名	3	新
玩儿手机	wánr shǒujī	フ	9	ワ
晚上	wǎnshang	名	2	新
万圣节	Wànshèngjié	名	11	ワ
为	wèi	前	11	新
味道	wèidao	名	7	ワ
围巾	wéijīn	名	11	新
乌冬面	wūdōngmiàn	名	2 新、3 ワ	
物价	wùjià	名	9	ワ
无酒精啤酒	wújiǔjīngpíjiǔ	名	4	新
X				
下	xià	動	8	ワ
咸	xián	形	7	ワ
想出来	xiǎngchulai	フ	11	ワ
羡慕	xiànmù	動	1	新
小笼包	xiǎolǒngbāo	名	4	ワ
写论文	xiě lùnwén	フ	9	ワ

写拼音	xiě pīnyīn	フ	1 ワ
写错	xiěcuò	フ	3 ワ
喜欢	xǐhuan	動	2 新
新干线	Xīngànxiàn	名	6 ワ
杏仁豆腐	xìngréndòufu	名	4 ワ
新年	xīnnián	名	11 ワ
新生	xīnshēng	名	1 新
洗手间	xíshǒujiān	名	1 ワ
休息	xiūxi	動	8 新
西装	xīzhuāng	名	1 新
选	xuǎn	動	10 新
学费	xuéfèi	名	6 新

Y

一～就…	yì~jiù...	フ	8 新
颜色	yánsè	名	7 新
一般	yìbān	形	9 新
一定	yídìng	副	1 新
一个人	yí ge rén	名	8 ワ
一会儿	yíhuìr	名	10 新
意见	yìjiàn	名	10 ワ
银行	yínháng	名	1 ワ
饮料	yǐnliào	名	4 新
一切	yíqiè	代	12 新
医院	yīyuàn	名	8 新
用	yòng	動	7 ワ
有点儿	yǒudiǎnr	副	7 新
邮件	yóujiàn	名	11 ワ
邮局	yóujú	名	1 ワ

有名	yǒumíng	形	3 新
友谊	yǒuyì	名	11 新
有意思	yǒuyìsi	フ	9 新
越来越	yuè lái yuè	副	12 新
雨伞	yǔsǎn	名	12 ワ

Z

咱们	zánmen	名	10 新
怎么	zěnme	代	1 新
怎么了	zěnmele	フ	8 新
炸酱面	zhájiàngmiàn	名	3 ワ
找	zhǎo	動	10 新
找工作	zhǎo gōngzuò	フ	12 ワ
这么	zhème	代	3 新
真	zhēn	副	5 新
挣	zhèng	動	6 新
挣钱	zhèngqián	動	12 新
知道	zhīdao	動	2 新
中国菜	Zhōngguócài	名	2 ワ
中国式	zhōngguóshì	フ	11 新
猪骨汤面	zhūgǔtāngmiàn	名	3 新、4 ワ
主食	zhǔshí	名	4 新
自己	zìjǐ	名	10 ワ
自由	zìyóu	形	1 新
最好	zuìhǎo	副	10 新
走不动	zǒubudòng	フ	10 新
坐错	zuòcuò	フ	3 ワ
坐下	zuòxia	フ	3 ワ
作业	zuòyè	名	7 ワ

著者

陳 淑梅
　　東京工科大学教授

胡 興智
　　日中学院講師

劉 渇氷
　　慶應義塾大学講師

イラスト　浅山友貴
表紙・本文デザイン　メディアアート

音声吹込　呉志剛　李洵

もっと話そう！ 異文化おもしろ体験
中級中国語

検印 省略	© 2021 年 1 月 31 日　初 版 発 行 2023 年 3 月 31 日　第 3 刷 発 行

著　者　　　　　　　　　　　　　陳　淑梅
　　　　　　　　　　　　　　　　胡　興智
　　　　　　　　　　　　　　　　劉　渇氷

発行者　　　　　　　小 川 洋 一 郎
発行所　　　　　　株式会社 朝 日 出 版 社
　　　　〒 101-0065　東京都千代田区西神田 3－3－5
　　　　　　　　電話(03)3239-0271・72(直通)
　　　　　　　　振替口座　東京　00140-2-46008
　　　　　　　　http://www.asahipress.com/
　　　　　　　　　　　　　　倉敷印刷
